DENISA MINÁROVÁ

Märchenhafte MAKRAMEE Engel

HIMMLISCHE BEGLEITER AUS GARN
SELBER KNÜPFEN

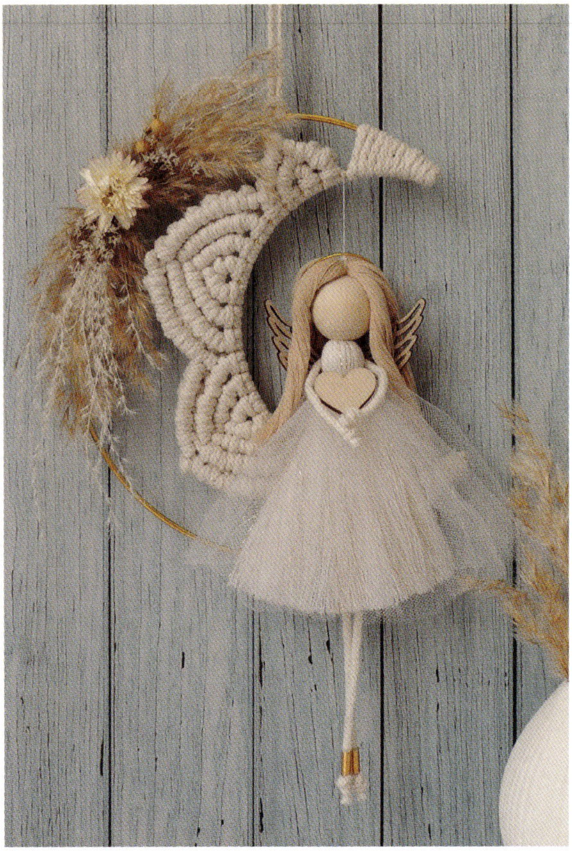
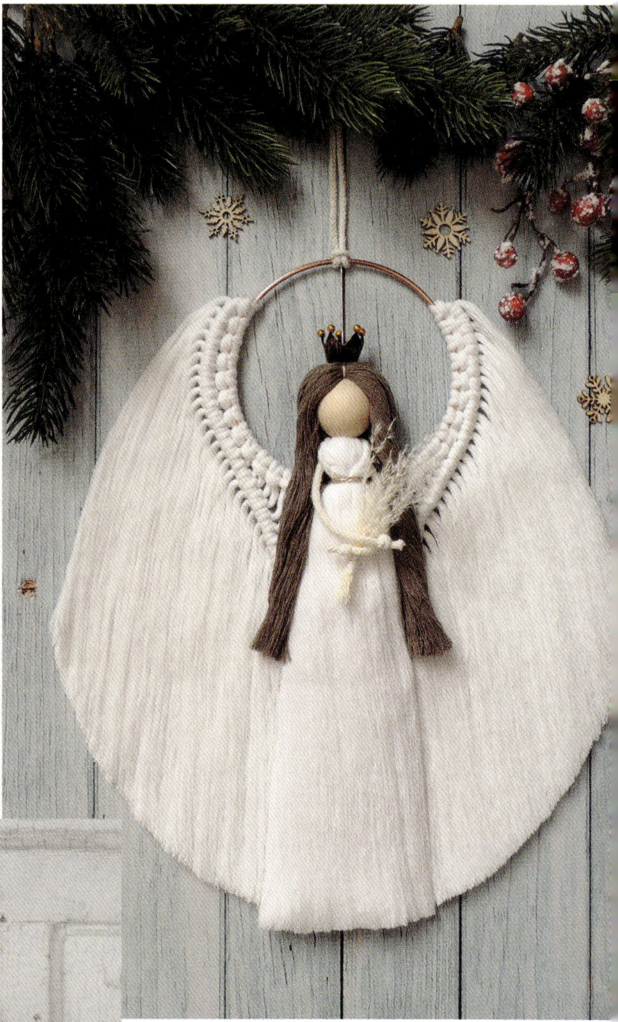
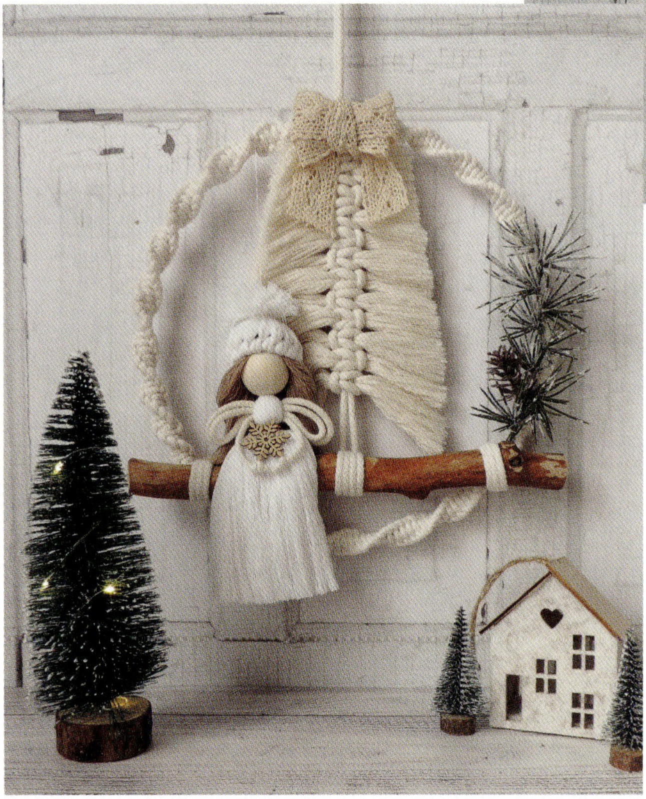

Vorwort

Sobald es im Herbst draußen wieder kälter wird, breitet sich eine magische Atmosphäre aus und die Vorfreude auf die Weihnachtszeit beginnt. Diese wundervolle Jahreszeit gibt uns die Möglichkeit zu entschleunigen und schafft Raum für Kreativität und Selbermachen. Wenn die erste Kerze anfängt zu brennen, ist es an der Zeit, das Zuhause festlich für die Weihnachtszeit zu dekorieren.

Beim Knüpfen können wir uns voll und ganz unserer Kreativität hingeben. Das Makramee-Knüpfen ist vielfältig und bietet Raum für individuelle Ideen. Lassen Sie sich von den folgenden Seiten inspirieren und fertigen Sie Ihre eigenen wunderschönen, weihnachtlichen Dekorationen – sei es für sich selbst oder als Geschenk für einen lieben Menschen. Denn nichts macht mehr Freude als ein handgefertigtes Geschenk, in das man ein Stück von sich selbst und seiner Liebe einfließen lässt.

Wahrscheinlich sind Sie dem Makramee in den letzten Jahren schon einmal begegnet, denn diese Handwerkskunst erfreut sich heutzutage erneut großer Beliebtheit und Popularität. Makramee ist eine der ältesten und traditionellsten Handarbeitstechniken, die im 13. Jahrhundert aus dem Orient nach Europa gelangte. In den letzten Jahren ist sie in neuem Stil zurückgekehrt und hat sich zum globalen Trend entwickelt.

Ob Neueinsteiger oder erfahrender Makramee-Knüpfer – in diesem Buch gibt es für alle ein passendes Projekt. Ganz im Einklang mit der Weihnachtszeit finden Sie hier viele süße Makramee-Engel – ob als kleiner Schutzengel, Weihnachtsdekoration am Baum oder von Herzen kommendes Geschenk.

Auf den folgenden Seiten begleite ich Sie mit einfach umzusetzenden Schritt-für-Schritt-Anleitungen auf Ihrem Weg zu weihnachtlichen Makramee-Engeln für eine wundervolle Vorweihnachtszeit und ein traumhaftes Fest.

Ich freue mich sehr, Ihnen viele neue Ideen zu zeigen und Sie zu inspirieren, Ihre eigenen Werke zu kreieren.

Ich wünsche Ihnen viel Spaß beim Knüpfen und eine wunderschöne Weihnachtszeit!

Denisa

Inhaltsverzeichnis

7 VORWORT

10 MATERIALIEN
10 Garn
11 Materialien aus Holz und Metall
11 Werkzeuge und Hilfsmittel

12 GRUNDKNOTEN
12 Ankerknoten
13 Kreuzknoten
14 Wellenknoten
14 Rippenknoten
16 Wickelknoten
16 Beerenknoten
17 Spulenknoten

18 KNÜPFEN EINFACHER ENGEL

20 ENGEL VERZIEREN

21 ENGEL BEFESTIGEN

22 AURELIE
Schutzengel mit großen Flügeln

24 FIONA
Engelsflügel mit Waben-Optik

27 ADRIANA
Engelsflügel mit Spiral-Effekt

30 ISABELLA
Begleiterin mit Federflügeln

32 CHARLOTTA
Engelsflügel mit kleinem Ring

34 SERAFINA
Flügel mit Dreiecksmuster

37 DIANA UND SOPHIA
Mutter und Tochter im Ring

40 MARIA
Engel mit Schmetterlingsflügeln

43 SONJA
Engelsflügel mit Rillenmuster

46 VICTORIA
Stehender Engel

48 AURORA
Gefährtin mit Herz

50 MAYA
Schutzengel zum Aufstellen

52 DOROTHEA
Engel im Bilderrahmen

54 LUCINDA
Schaukelnder Engel

56 MIA UND TERESA
Schwestern zum Anhängen

58 ANNA
Winterengel mit Baum

61 ANGELIKA
Mondengel mit Trockenblumen

64 THEODORA
Engel im Mandala-Makramee

67 EVELINA
Gefährtin im Rosen-Ring

70 CELESTE
Begleiterin im Feder-Ring

Materialien

GARN

Das Garn ist für Ihr Makramee-Projekt von entscheidender Bedeutung. Für Anfänger kann es schwierig sein, das passende Garn auszuwählen, da es viele Optionen gibt: Baumwolle, Wolle, Merinowolle, Jutegarn, gezwirntes und geflochtenes Garn. Hier finden Sie einen kurzen Überblick über die verschiedenen Materialien, ihre Strukturen, Stärken und Unterschiede.

Neben dem Material, aus dem das Makramee-Garn hergestellt wird, unterscheidet sich das Garn hauptsächlich in seiner Struktur. Es gibt gezwirnte Garne mit einfacher oder mehrfacher Drehung und geflochtene Garne.

Indem Sie verschiedene Garntypen ausprobieren, können Sie deren unterschiedliche Effekte kennenlernen und Ihren eigenen Stil entwickeln.

Geflochtenes Makramee-Garn

Geflochtenes Makramee-Garn besteht aus miteinander verflochtenen Fäden und wird auch als gekordeltes Makramee-Garn bezeichnet. Es eignet sich besonders gut für Anfänger, da es langsamer ausfranst als gezwirntes Garn. Durch die geflochtene Struktur ist es angenehm griffig und weicher als gedrehtes Garn.

Geflochtene Garne sind elastischer als gezwirnte Garne. Daher sollte das Garn beim Schneiden nicht zu straff gehalten werden, da sonst die Gefahr besteht, dass es versehentlich zu kurz abgeschnitten wird.

Bei der Herstellung der Makramee-Engel eignet sich geflochtenes Garn besonders für die Arme und Beine. Für Fransen ist es nicht geeignet.

Gezwirntes Makramee-Garn

Das gezwirnte Makramee-Garn besteht aus mehreren Fäden, die zu einem dickeren Faden zusammengedreht werden. Es eignet sich besonders gut für weiche Makramee-Arbeiten. Es ist etwas schwieriger zu verarbeiten, da es sich schneller aufdreht.

Es gibt zwei Arten von gezwirntem Makramee-Garn: einfach gezwirntes Garn und mehrfach gezwirntes Garn. Bei einfach gezwirnten Garnen werden mehrere Fasern nur einmal miteinander verdreht, weswegen sie stärker dazu neigen, sich aufzudrehen. Bei mehrfach gezwirnten Garnen werden die Fasern zuerst zu mehreren Strängen gezwirnt und anschließend die Stränge ineinander verdreht, sodass sich diese Garne zwar aufdrehen, aber nicht so stark wie einfach gezwirnte Garne.

Das einfach gezwirnte Garn eignet sich ideal zur Herstellung von Makramee-Engeln, da es sich leicht auskämmen lässt.

TIPP: Damit das mehrfach gezwirnte Garn sich nicht aufdreht, können Sie am Ende des Garns einen Knoten machen, der später abgeschnitten wird. Einfach gezwirntes Garn kann nach Bedarf in mehrere Fäden aufgewickelt werden, um dünnere Garnstärken zu erhalten.

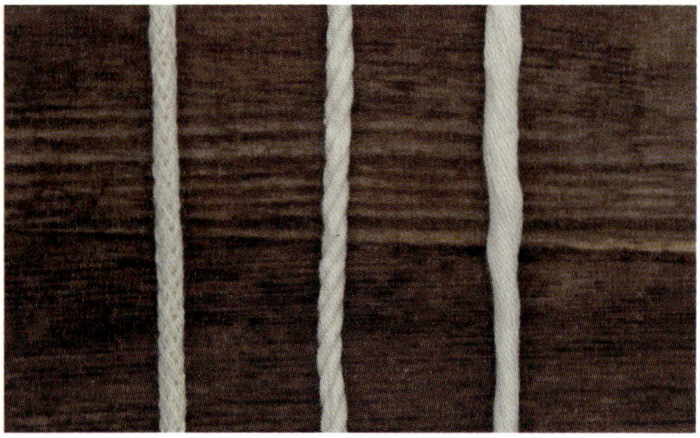

von links: geflochtenes Garn, mehrfach gezwirntes Garn, einfach gezwirntes Garn

Anmerkung: Für einige Projekte habe ich ein Makramee-Garn mit Goldfäden verwendet. Falls Sie dieses nicht zuhause haben, können Sie stattdessen auch ein einfarbiges Garn verwenden und nach Belieben ein paar Fäden goldenes Nähgarn einarbeiten.

OBJEKTE AUS HOLZ UND METALL

Holzkugeln
Eines der wichtigsten Materialien für die Makramee-Engel sind die Holzkugeln, die den Kopf des Engels bilden. Ideal sind Holzkugeln mit vorgebohrten Löchern, durch die sich das Garn fädeln lässt.

Holzringe
Für viele Makramee-Engel werden Holzringe für die Flügel und zur Verzierung benötigt. Die Holzringe gibt es mit unterschiedlichen Durchmessern und in unterschiedlichen Dicken.

Ringe und Monde aus Metall
Metallringe und Monde gibt es in vielen unterschiedlichen Größen. Sie eignen sich wunderbar für die Flügel und zum Befestigen der Engel.

WERKZEUGE UND HILFSMITTEL

Kamm und Bürste
Bei der Herstellung von Engeln spielt das Auskämmen des Garns eine wichtige Rolle. Ein Kamm bzw. eine Bürste sind daher unerlässlich.

Scharfe Schere
Ebenfalls ein wichtiges Hilfsmittel ist eine scharfe Schere. Zu empfehlen ist eine Stoffschere, die ausschließlich für das Garn verwendet wird, damit sie lange scharf bleibt.

Kork-/Schaumstoffmatte, Klebeband und Nadeln oder Klemmbrett
Ein spezielles Brett aus Kork oder Schaumstoff sowie Klebeband oder Nadeln, die die Fäden fixieren können, erleichtern die Arbeit beim Knüpfen. Manche Bretter haben sogar ein aufgedrucktes Gitter, welches hilft, die richtigen Abstände einzuhalten. Alternativ können Sie auch ein Klemmbrett nutzen, um das Garn zu befestigen, sodass es nicht verrutscht und Sie genug Widerstand beim Knoten haben.

Maßband
Zum Abmessen und passenden Zuschneiden der Garnstücke ist ein Maßband hilfreich.

Kleber
Um Garnenden zu fixieren oder Verzierungen am Engel anzubringen, eignen sich Heißkleber oder Textilkleber.

Sprühfixierer/Haarspray
Damit sich die ausgefransten Garnenden nicht wieder zusammendrehen und in der gewünschten Form bleiben, müssen sie mit Haarspray oder Sprühfixierer bearbeitet werden. Die Projekte am besten immer von beiden Seiten einsprühen und trocknen lassen.

Grundknoten

In der Makramee-Welt gibt es unzählige Knoten. Manche sind einfach, andere komplizierter. Für Anfänger gibt es ein paar grundlegende Knoten, mit denen bereits viele schöne Projekte umgesetzt werden können.

Beim Makramee-Knüpfen wird zwischen dem Träger- und dem Arbeitsfaden unterschieden. Mit einem Arbeitsfaden werden die Knoten geknüpft. Der Trägerfaden „trägt" die Knoten. Um ihn werden die Arbeitsfäden herum geknotet.

ANKERKNOTEN

Der Ankerknoten wird verwendet, um das Garn an einem Ast, Stab oder Ring zu befestigen. Der Knoten kann von vorne oder hinten geknüpft werden.

Ankerknoten von vorne geknotet:
1. Den Faden doppelt legen, sodass eine Schlaufe entsteht. Die Schlaufe auf den Ast oder das gewünschte Trägermaterial legen.

2. Die Schlaufe von vorne nach hinten um den Ast wickeln.

3. Die offenen Enden des Fadens durch die Schlaufe führen und festziehen.

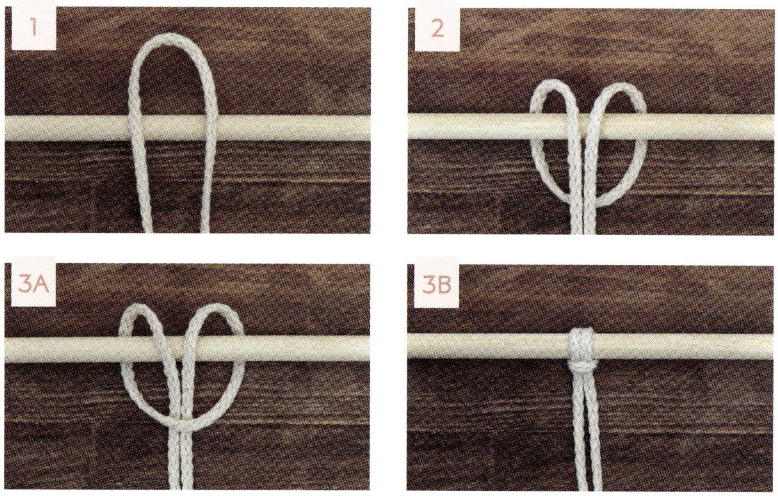

Ankerknoten von hinten geknotet:
1. Den Faden doppelt legen, sodass eine Schlaufe entsteht. Die Schlaufe unter den Ast oder das gewünschte Trägermaterial legen.

2. Die Schlaufe von hinten nach vorne um den Ast wickeln.

3. Die offenen Enden des Fadens durch die Schlaufe führen und festziehen.

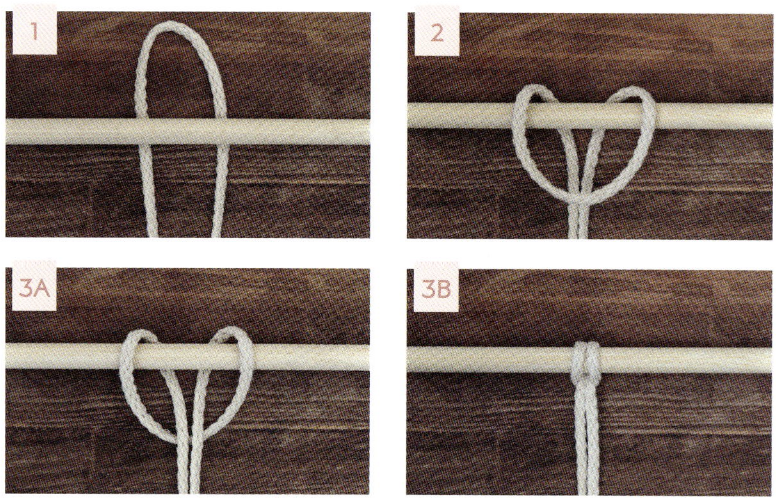

KREUZKNOTEN

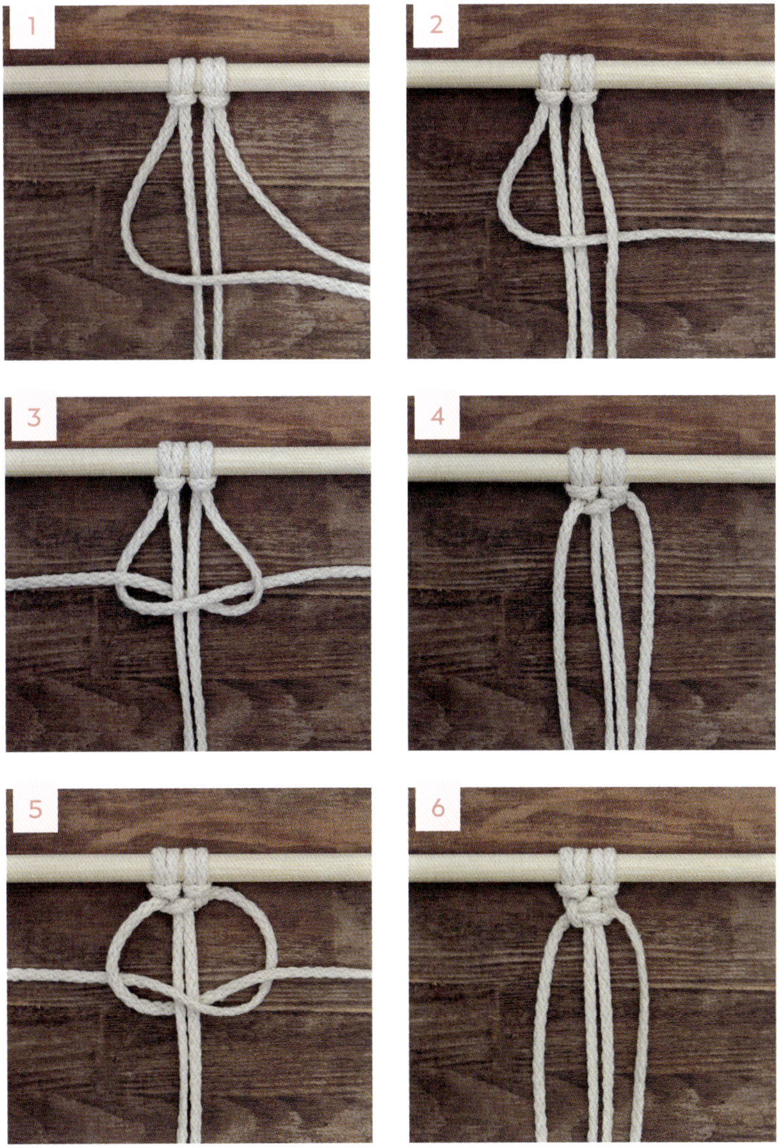

Der Kreuzknoten besteht aus zwei halben Knoten. In seiner Grundform wird er mit vier Strängen geknüpft – zwei Arbeitsfäden (außen) und zwei Trägerfäden (innen). Der Kreuzknoten kann in zwei verschiedene Richtungen geknüpft werden. Es gibt den Kreuzknoten von rechts und von links, abhängig davon, auf welcher Seite begonnen wird.

1. Den linken Arbeitsfaden nach rechts über die Trägerfäden legen.

2. Den rechten Arbeitsfaden über den linken Arbeitsfaden legen.

3. Den rechten Arbeitsfaden unter die beiden Trägerfäden und durch den Zwischenraum des linken Arbeitsfadens und der Trägerfäden nach vorne führen.

4. Die Arbeitsfäden senkrecht zu den Trägerfäden festziehen.

5. Schritt 1–4 spiegelverkehrt wiederholen. Den rechten Arbeitsfaden nach links über die Trägerfäden legen. Den linken Arbeitsfaden über den rechten Arbeitsfaden legen, unter den Trägerfäden und durch den Zwischenraum des rechten Arbeitsfadens und der Trägerfäden hindurch nach vorne führen.

6. Den zweiten Teil des Kreuzknotens festziehen.

WELLENKNOTEN

Der Wellenknoten ist ein halber Kreuzknoten, der stets nur von einer Seite geknüpft wird. Es werden mindestens vier Stränge benötigt. Die beiden äußeren Stränge dienen als Arbeitsfäden, während die inneren Stränge als Trägerfäden dienen. Der Knoten wird um die Trägerfäden herum geknüpft. Es ist auch möglich, den Wellenknoten um einen Ring zu knüpfen (siehe Modell 19). Hier fungiert der Ring als Trägerfaden.

1. Einen halben Kreuzknoten arbeiten (siehe S. 13, Schritt 1–4).

2. Schritt 1 wiederholen, bis der Strang die gewünschte Länge hat. Es entsteht ein gedrehter Strang. Dabei sollten Sie regelmäßig die Knoten entlang der Trägerfäden zusammenschieben, um einen gleichmäßigen Strang zu erhalten. Je nachdem, wie eng Sie die Knoten zusammenschieben, variiert die Drehung des Strangs.

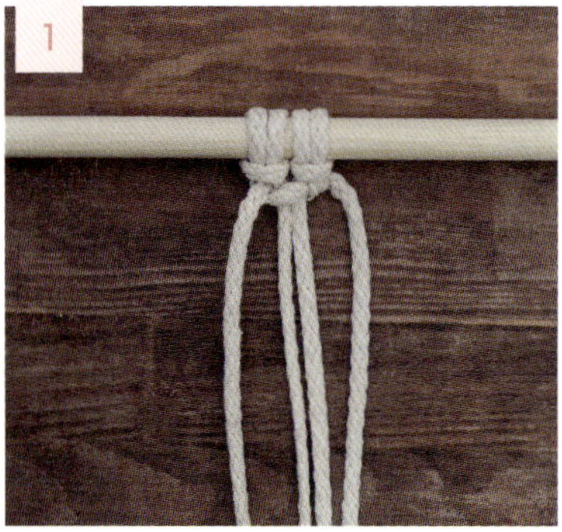

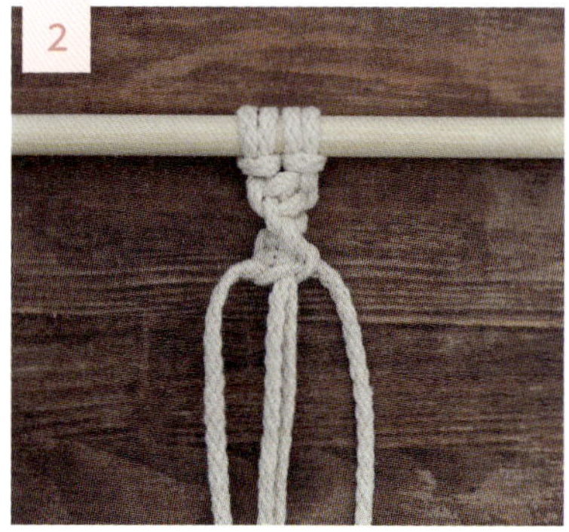

RIPPENKNOTEN

Der Rippenknoten ist einer der am häufigsten verwendeten Knoten im Makramee. Er kann sowohl horizontal als auch diagonal geknüpft werden. Beim Rippenknoten werden mehrere Arbeitsfäden entlang eines Trägerfadens mit jeweils zwei halben Schlägen geknotet, um eine Rippe zu erzeugen. Es gibt eine nach rechts und eine nach links geknüpfte Version des Rippenknotens. Der Unterschied besteht darin, dass beim nach rechts geknüpften Rippenknoten die Arbeitsfäden nach rechts über den Trägerfaden gelegt werden und beim nach links geknüpften Rippenknoten nach links.

Nach rechts geknüpfter Rippenknoten

1. Den linken Trägerfaden über die Arbeitsfäden legen. Dabei die gewünschte Form der Rippenknoten-Reihe vorgeben (horizontal oder diagonal).

2. Den ersten Arbeitsfaden über den Trägerfaden legen. Den Arbeitsfaden um den Trägerfaden wickeln und in der gewünschten Position festziehen.

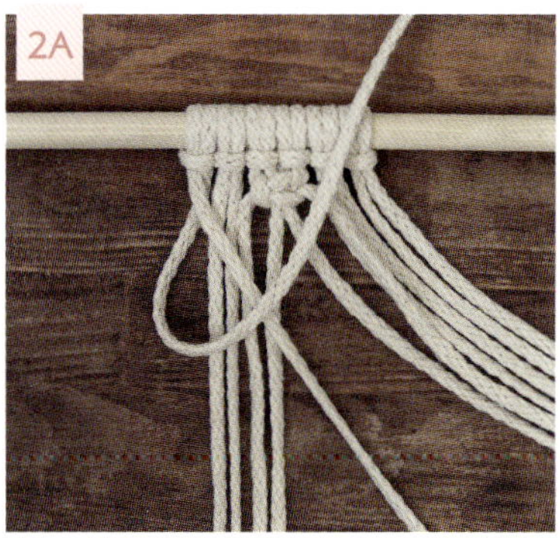

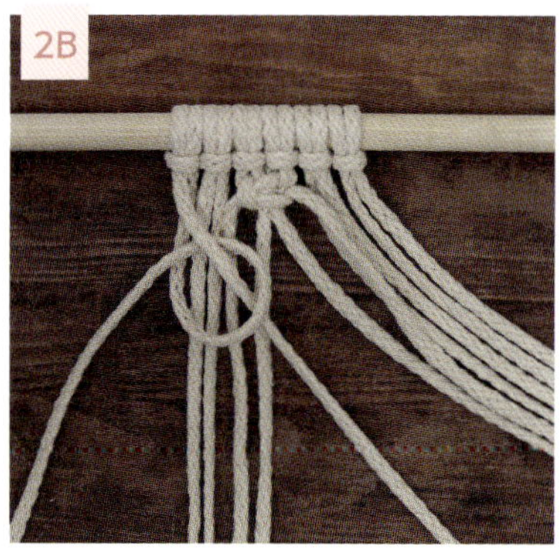

3. Schritt 2 wiederholen und den Knoten festziehen.

4. Schritt 2 und 3 wiederholen, bis alle Rippenknoten der Reihe geknüpft sind.

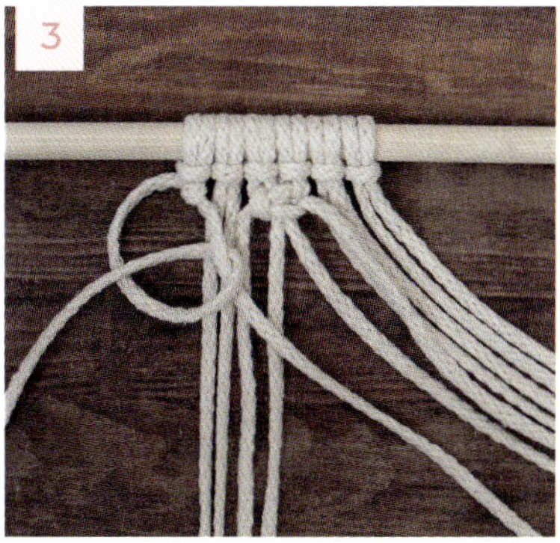

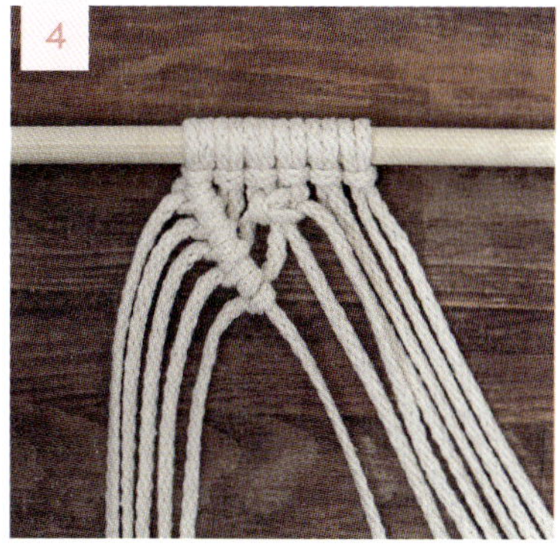

Nach links geknüpfter Rippenknoten

1. Ebenso vorgehen, wie beim nach rechts geknüpften Rippenknoten. Jedoch spiegelverkehrt arbeiten. Den rechten Trägerfaden über die Arbeitsfäden legen.

2. Den ersten Arbeitsfaden über den Trägerfaden legen. Den Arbeitsfaden um den Trägerfaden wickeln und in der gewünschten Position festziehen.

3. Schritt 2 wiederholen und den Knoten festziehen.

4. Schritt 2 und 3 wiederholen, bis alle Rippenknoten der Reihe geknüpft sind.

5. Zum Verbinden der beiden Reihen einen weiteren Rippenknoten arbeiten. Hierfür den Trägerfaden der linken Seite als Arbeitsfaden und den Trägerfaden der rechten Seite als Trägerfaden nutzen.

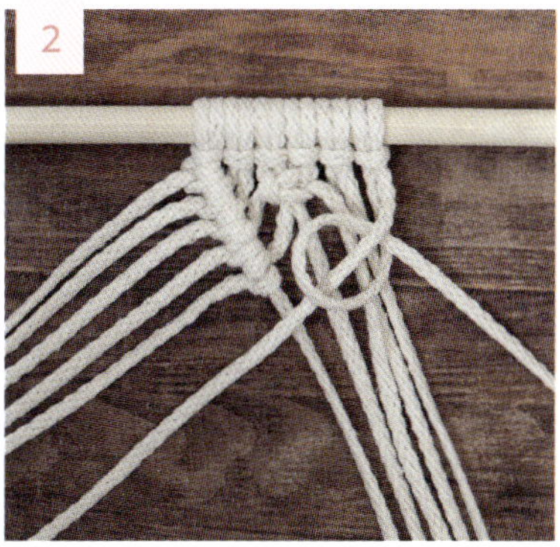

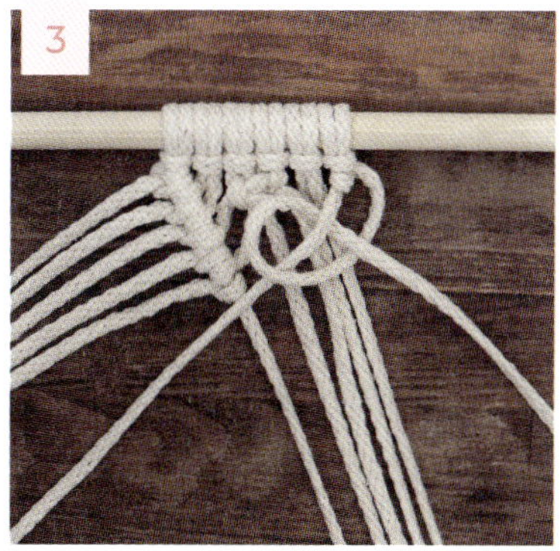

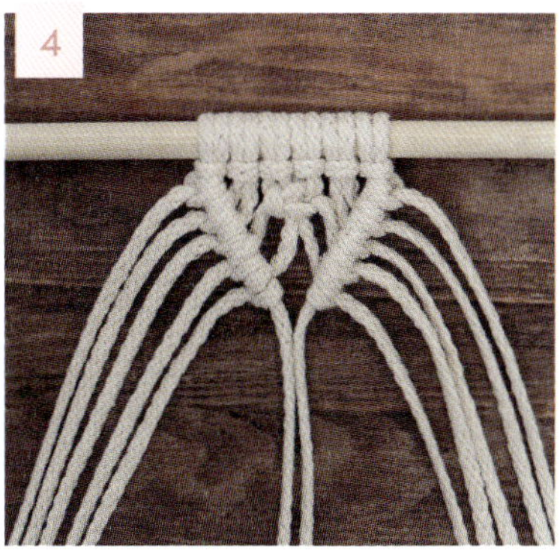

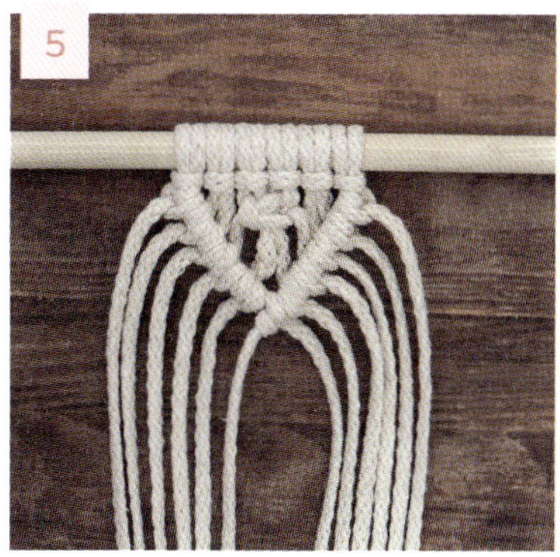

WICKELKNOTEN

Der Wickelknoten wird beispielsweise zum Schnüren der Taille des Engels verwendet. Er eignet sich, um Schnüre zusammenzuhalten. Für den Wickelknoten wird immer ein zusätzliches Stück Garn benötigt.

1. Aus dem zusätzlichen Faden eine Schlaufe formen und diese auf die Garnstränge legen, die zusammengehalten werden sollen.

2. Das längere Ende des Garnstücks mehrmals eng um die Garnstränge und die Schlaufe wickeln.

3. Das Ende des Garnstücks durch die Schlaufe führen.

4. Am oberen Ende des Fadens ziehen, bis die Schlaufe und das andere Fadenende unter den umwickelten Strängen verschwunden sind. Schneiden Sie beide Enden kurz ab.

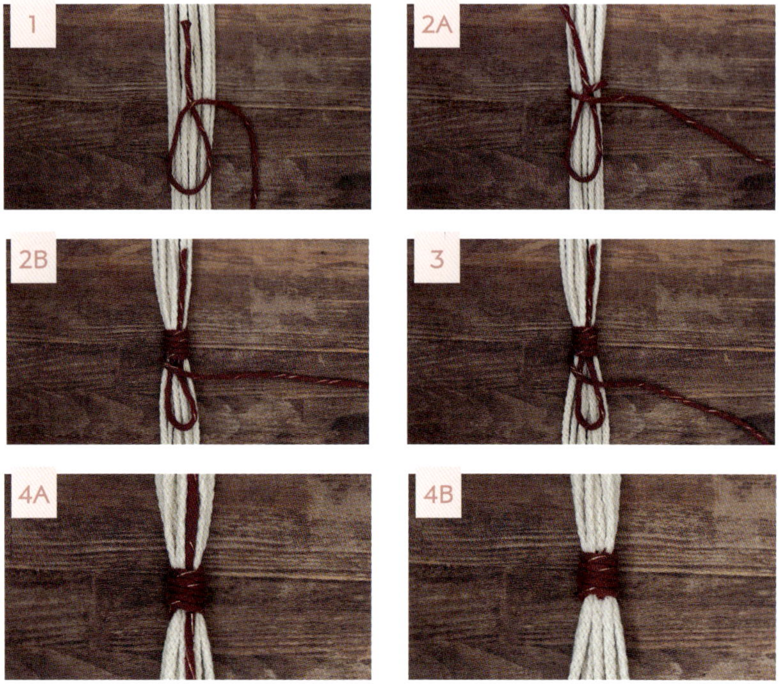

BEERENKNOTEN

Der Beerenknoten besteht aus vier Kreuzknoten und ähnelt einer herabhängenden Beere.

1. Drei Kreuzknoten arbeiten. Den ersten Kreuzknoten in einem Abstand von ca. 0,5 cm zum Trägermedium ansetzen.

2. Die Trägerfäden mittig von vorne durch den kleinen Spalt zwischen dem Trägermedium und dem ersten Kreuzknoten hindurchführen.

3. Die Trägerfäden wieder nach unten ziehen, sodass sich die drei Kreuzknoten zu einer Beere zusammenrollen.

4. Zur Fixierung der Beere einen weiteren Kreuzknoten darunter knüpfen.

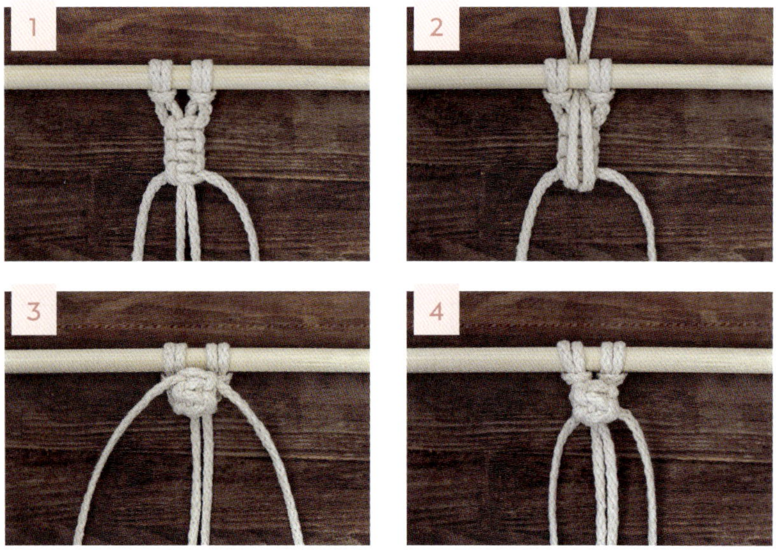

SPULENKNOTEN

Der Spulenknoten wird aus einem einzigen Faden geknüpft und ist ein länglicher Knoten, dessen Länge davon abhängt, wie oft der Faden gewickelt wird. Ich nutze den Spulenknoten für die Arme und Beine. Dazu wickle ich den Faden zweimal für die Arme und viermal für die Beine.

1. Das Ende des Fadens so über den Faden legen, dass eine Schlinge entsteht.

2. Das Fadenende zweimal (Arme) oder viermal (Beine) um die linke Seite der Schlinge wickeln.

3. Um den Knoten festzuziehen, je ein Fadenende in jede Hand nehmen und das Ende, das nach oben aus der Spule ragt, nach oben ziehen.

4. Das untere Ende des Fadens abschneiden.

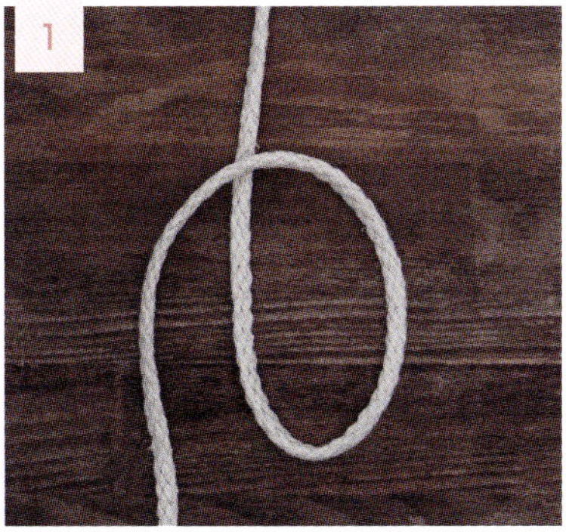

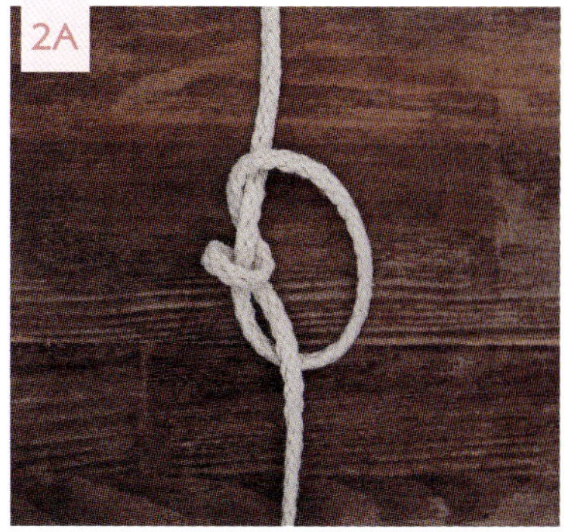

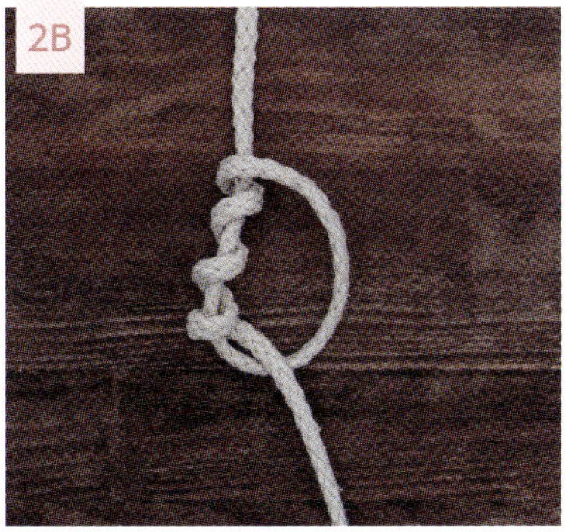

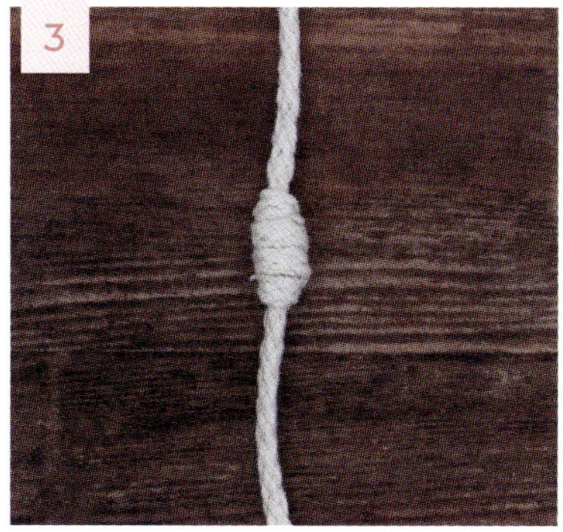

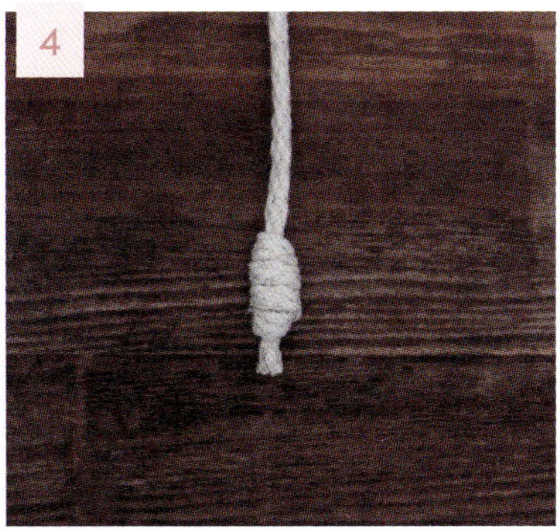

Knüpfen einfacher Engel

MOTIVGRÖSSE

21 cm

MATERIAL

- Baumwollschnur in Natur, ø 1 mm, 80 cm lang als Verbindungsschnur, die den Engel zusammenhält
- Holzperle, ø 3 cm
- 7 Baumwollfäden in Braun, einfach gezwirnt, ø 4 mm, 25 cm lang für die Haare
- 7 Baumwollfäden in Weiß, einfach gezwirnt, ø 5 mm, 30 cm lang für das Kleid
- Baumwollfaden in Natur, geflochten, ø 3 mm, 100 cm lang für die Flügel
- Baumwollschnur in Natur, ø 1 mm, 30 cm lang für die Flügel
- Baumwollfaden in Natur, geflochten, ø 3 mm, 20 cm lang für die Arme
- Baumwollfaden in Natur, geflochten, ø 3 mm, 40 cm lang für die Beine
- Baumwollschnur in Natur, ø 1 mm, 50 cm lang für den Wickelknoten um die Taille
- Maßband
- Schere
- Kamm/Bürste
- Sprühfixierer/Haarspray

KNOTEN

- Wickelknoten
- Spulenknoten (optional)

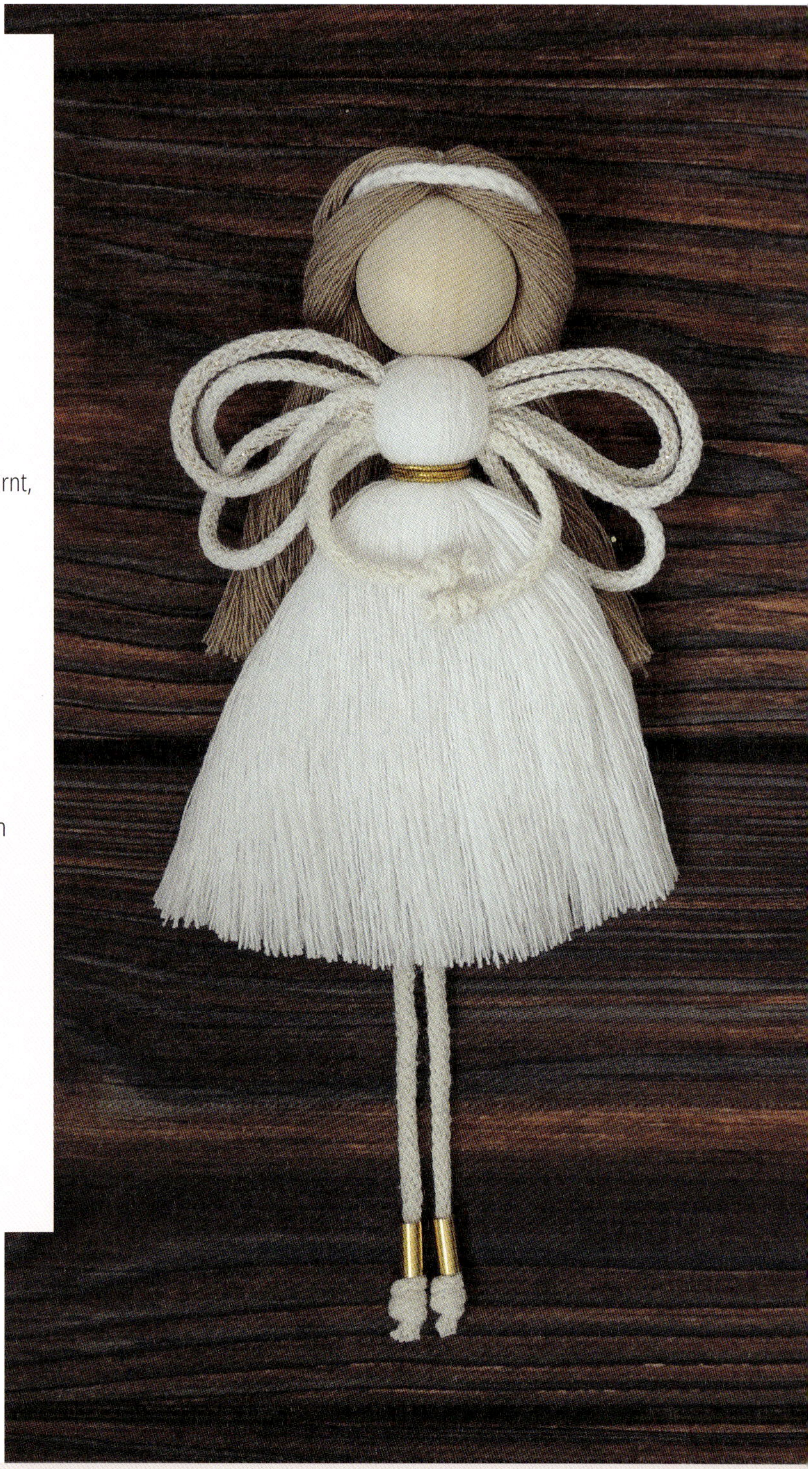

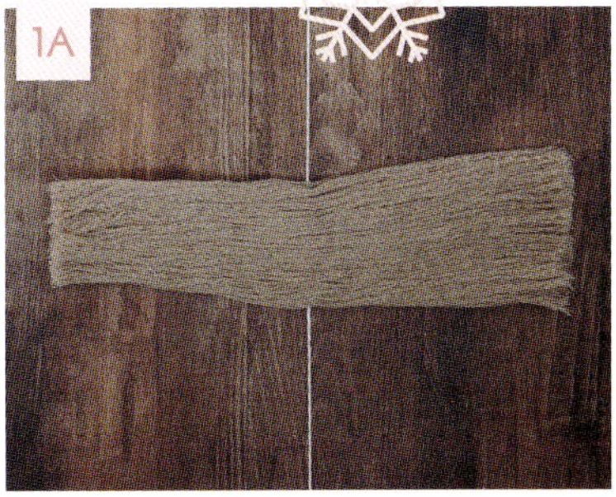
1A

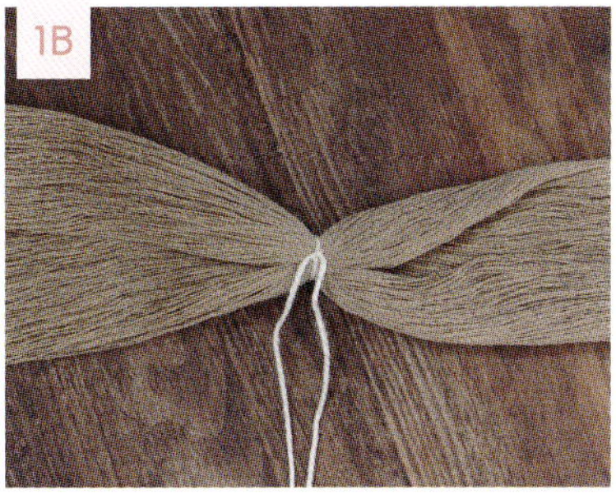
1B

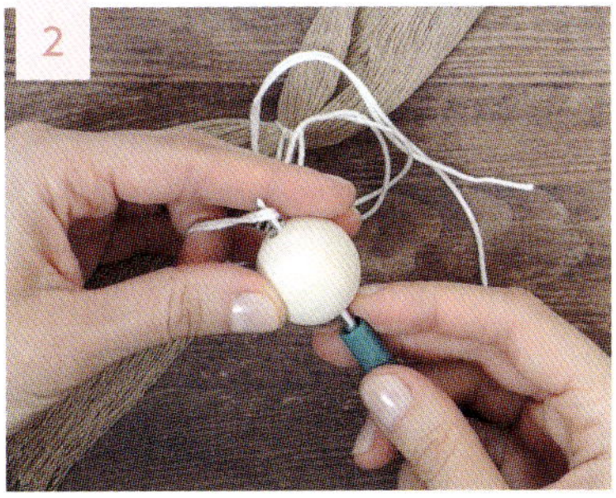
2

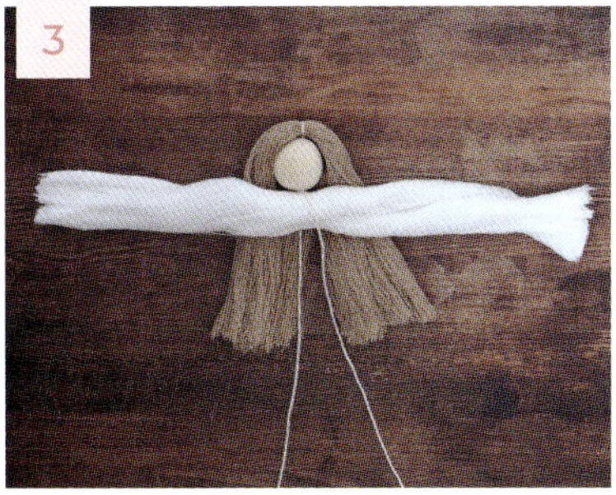
3

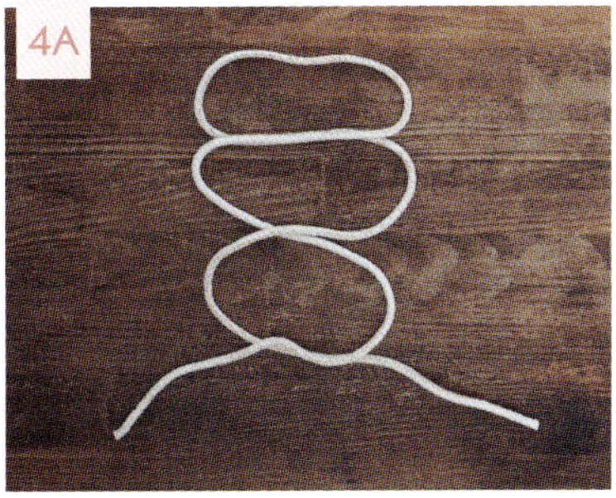
4A

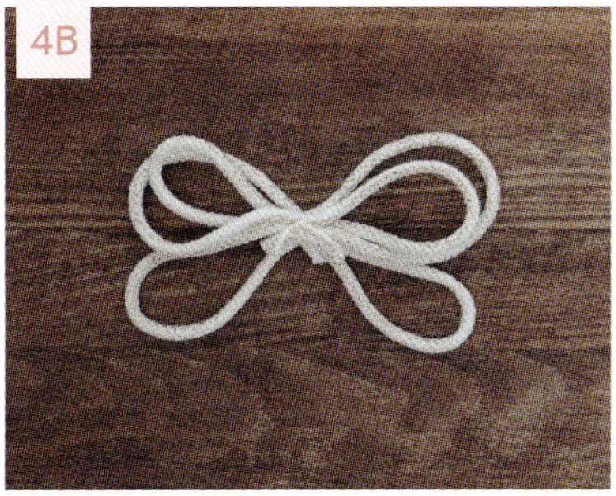
4B

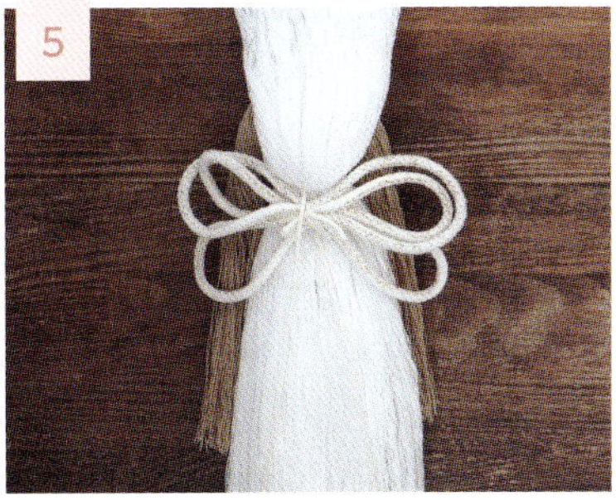
5

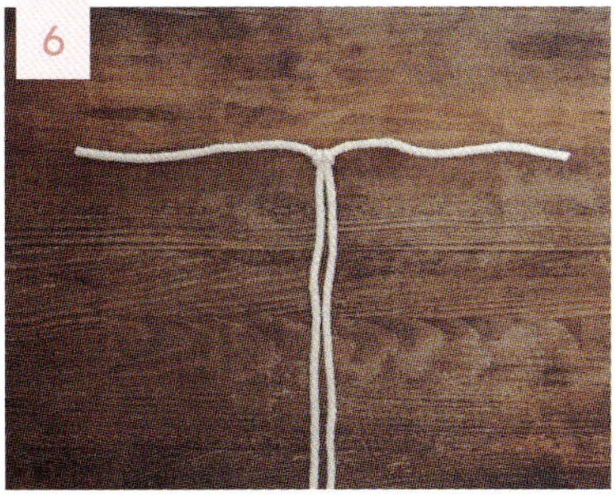
6

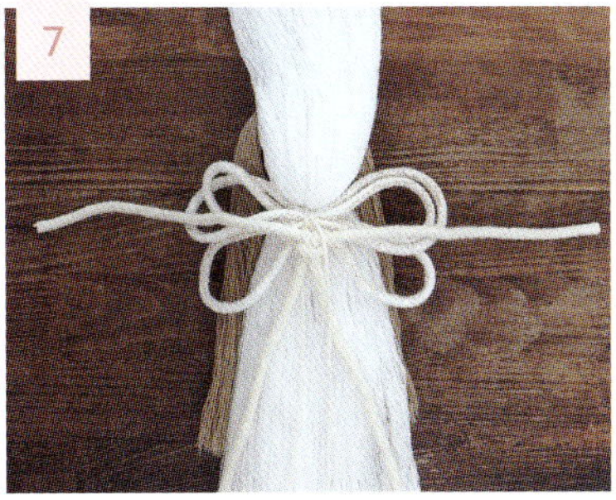
7

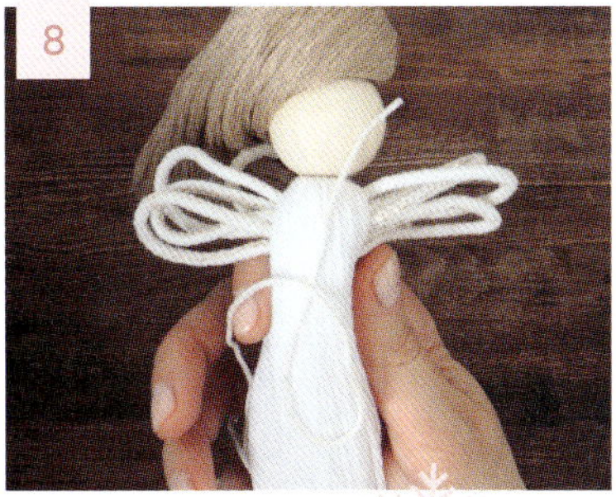
8

1. Baumwollfäden für die Haare auskämmen, mittig auf die Verbindungsschnur legen und mit einem Knoten befestigen.

2. Die Enden der Verbindungsschnur durch die Holzkugel ziehen. Dies geht gut mit einer Häkelnadel.

TIPP: Alternativ können die Schnurenden mit einem Stück Klebeband zusammengeklebt und so leichter durch die Kugel gefädelt werden.

3. Die Baumwollfäden für das Kleid auskämmen, mittig zwischen den beiden Strängen der Verbindungsschnur platzieren und festknoten.

4. Den Faden für die Flügel mittig dreimal überkreuzen, sodass drei Ovale zu sehen sind. Die Ovale in der Mitte zusammenschieben und mit der dünnen Baumwollschnur so zusammenbinden, dass die gewünschte Flügelform entsteht. Die Enden des Baumwollfadens sowie der Schnur auf etwa 1 cm Länge zuschneiden.

5. Die Flügel zwischen den beiden Hälften des Kleides platzieren und mit der Verbindungsschnur befestigen.

6. Den Faden für die Beine mittig am Faden für die Arme mit einem Ankerknoten befestigen.

7. Arme und Beine auf die Flügel legen und mit der Verbindungsschnur festknoten.

8. Die beiden Hälften des Kleides aufeinanderlegen und mit einem Wickelknoten ca. 2 cm unterhalb der Holzperle verschnüren.

9. Haare und Kleid auskämmen und zuschneiden. Arme und Beine mit einem normalen Knoten oder einem Spulenknoten beenden.

10. Ideen zur Verzierung des Engels, wie z. B. Gürtel, Haarband und Stiftperlen für die Beine, sind auf den folgenden Seiten zu finden.

Engel verzieren

Die im folgenden aufgeführten Deko-Elemente sind als Anregungen zu verstehen. Verwenden Sie gerne die Materialien, die Sie von anderen Projekten noch zuhause haben.

Holzflügel
Es gibt eine Vielzahl von Holzflügeln in verschiedenen Formen und Größen, die für die Herstellung von Makramee-Engeln geeignet sind. Sie können aus einem oder zwei Teilen bestehen. Die Flügel werden einfach auf der Rückseite des Engels mit etwas Heißkleber aufgeklebt.

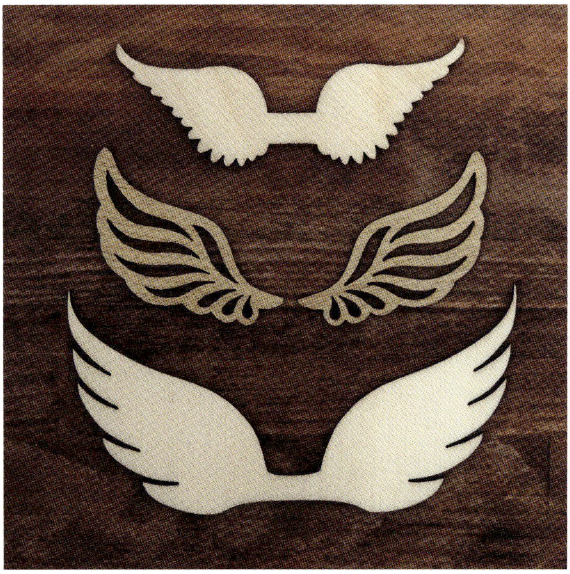

Perlen und Glöckchen
Stiftperlen können auf die Beine aufgefädelt werden und mit einem Knoten fixiert werden. Perlen und Glöckchen eignen sich z. B. zur Verzierung der Taille. Die Perle oder Glocke dazu auf eine Schnur auffädeln. Die Schnur um die Taille wickeln und verknoten.

Holzsterne, Holzbäume und Trockenblumen
Kleine Elemente aus Holz oder Trockenblumen können dem Engel in die Hände gelegt werden. Sie werden dazu einfach mit etwas Kleber an den Händen oder auf dem Kleid fixiert. Kleine Sterne können auch mit etwas Kleber auf der Stirn des Engels angebracht werden.

Spitzband
Ein Stück Spitzband kann für die Flügel oder zur Verzierung des Oberkörpers genutzt werden. Für die Spitzband-Flügel ein Stück Band zu zwei Schlaufen zusammenlegen und in der Mitte umwickeln, sodass eine Schmetterlingsform entsteht. Die aus Spitzband gefertigten Flügel können, wie in der Grundanleitung beschrieben, zwischen die Hälften des Kleides gelegt und mit der Verbindungsschnur befestigt werden, bevor die Taille gewickelt wird, oder auf der Rückseite des Engels aufgeklebt werden. Zur Verzierung des Oberkörpers mit einem Stück Spitzband wird das Band mittig auf der Rückseite des Engels im Nacken angelegt. Dann werden beide Enden nach vorne geführt und überkreuzt. Anschließend das Spitzband mit einem Wickelknoten aus einem Stück Schnur an der Taille festbinden.

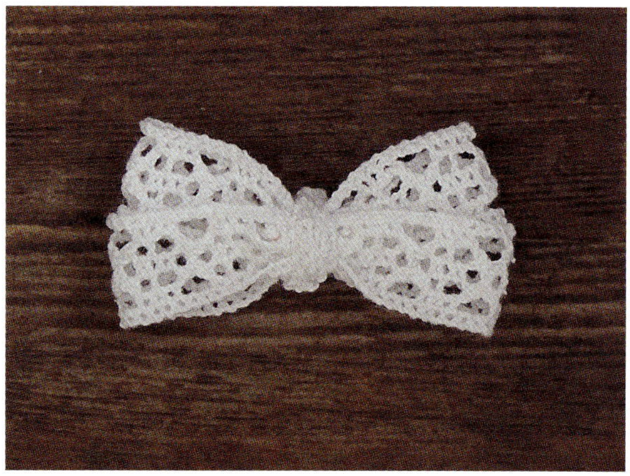

Haarband
Besonders schön sieht ein Haarband aus. Dazu kann einfach eine schöne Schnur oder ein Strang aus geflochtenem Garn verwendet werden. Das Band über die Haare legen, auf dem Hinterkopf verknoten und ggf. mit etwas Kleber fixieren.

Tüll-Rock

Tüll kann zur Verzierung des Engelsrocks verwendet werden, um einen schönen Effekt zu erzeugen. Dazu mit einer Nadel und einem Stück Faden das Tüllstück am oberen Ende auffädeln. Alternativ aus dem Tüll Streifen schneiden und diese mit einem Ankerknoten an einem Garnfaden befestigen. Anschließend den Faden mit dem Tüll um die Taille wickeln und auf der Rückseite verknoten.

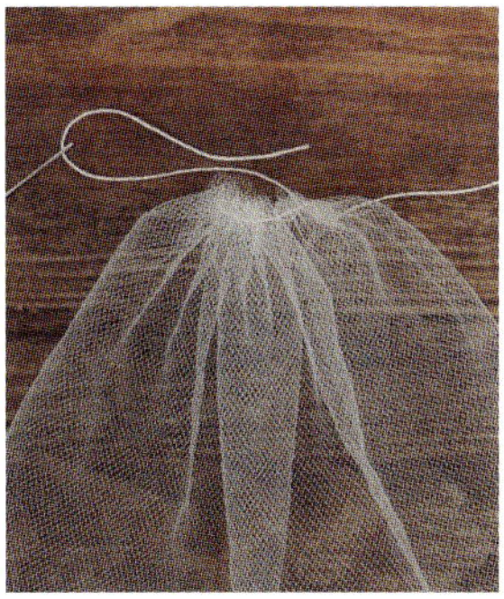

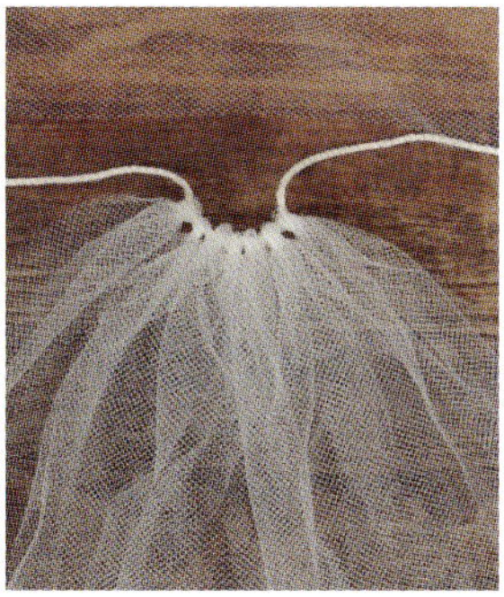

Flügel und Kleider aus Merinowolle

Merinowolle eignet sich hervorragend, um den Makramee-Modellen eine weiche und flauschige Note zu verleihen.
Um die Wolle in Form zu bringen, empfehle ich eine Nadel, die speziell für Merinowolle geeignet ist. Aus Merinowolle können Sie nicht nur Flügel, sondern auch Engelskleider herstellen. Gehen Sie dabei ebenso vor wie beim Arbeiten mit Makramee-Garn.

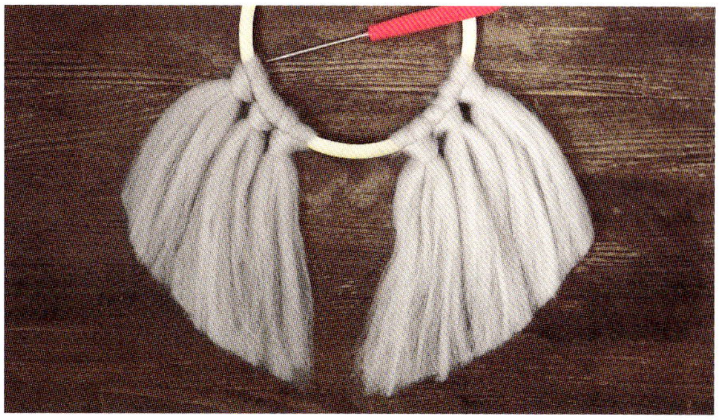

Engel befestigen

Befestigung am Ring

1. Um den Engel an einem Ring aufzuhängen, ziehen Sie am Kopf des Engels eine dünne (Nylon-)Schnur mithilfe einer Nadel unter der Verbindungsschnur durch.

2. Ein Ende der Schnur wird am Kopf festgebunden, das andere am Metallring.

Befestigung an einem Holzstab

3. Möchten Sie einen Engel in einem Ring befestigen, sodass er auf einer Holzstange sitzt, befestigen Sie ihn sowohl am Kopf als auch an der Holzstange. Für die Fixierung an der Stange wird die Verbindungsschnur verwendet. Diese wird mit einem Knoten an den Holzstab gebunden.

Aufhängen des Modells

4. Zum Aufhängen eines Ring-Modells in der oberen Mitte des Rings mit einem Ankerknoten einen Garnfaden befestigen und die Enden verknoten.

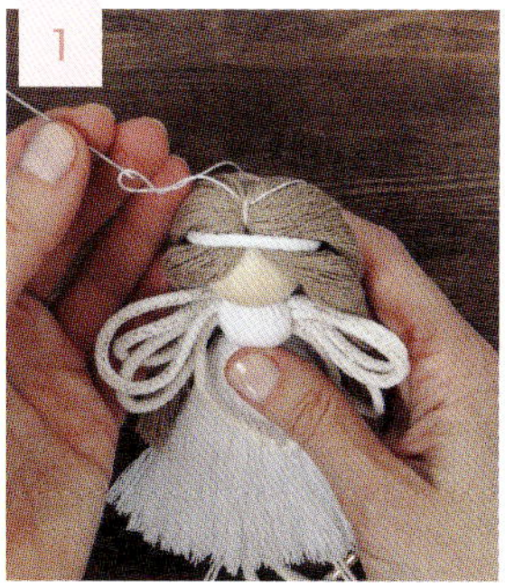

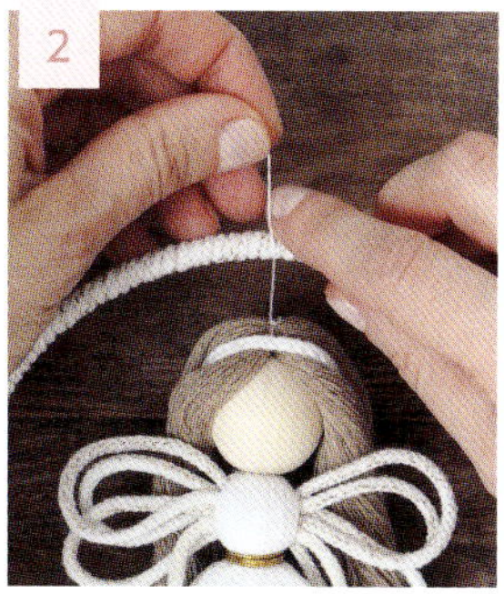

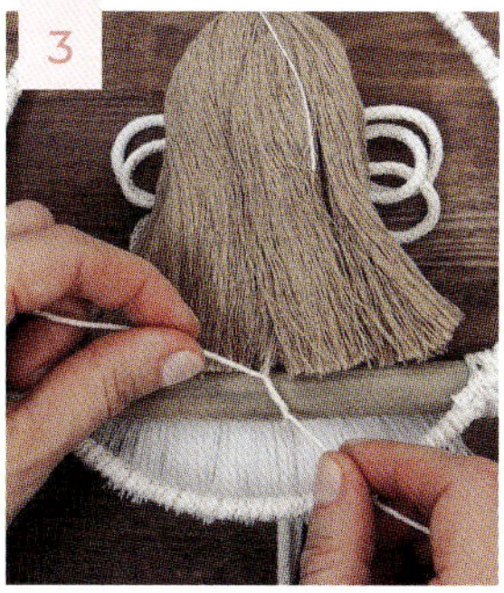

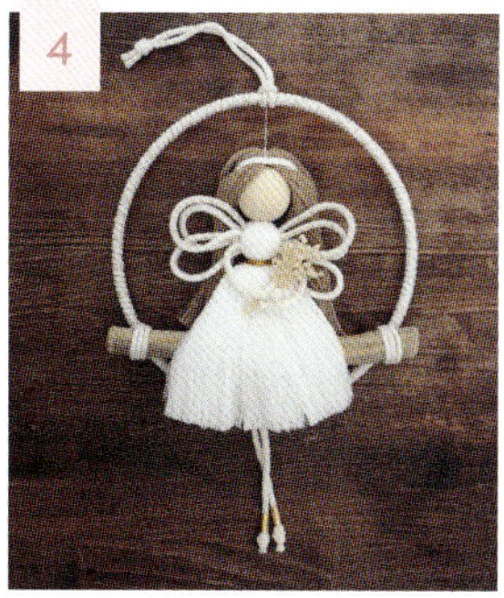

Aurelie

SCHUTZENGEL MIT GROSSEN FLÜGELN

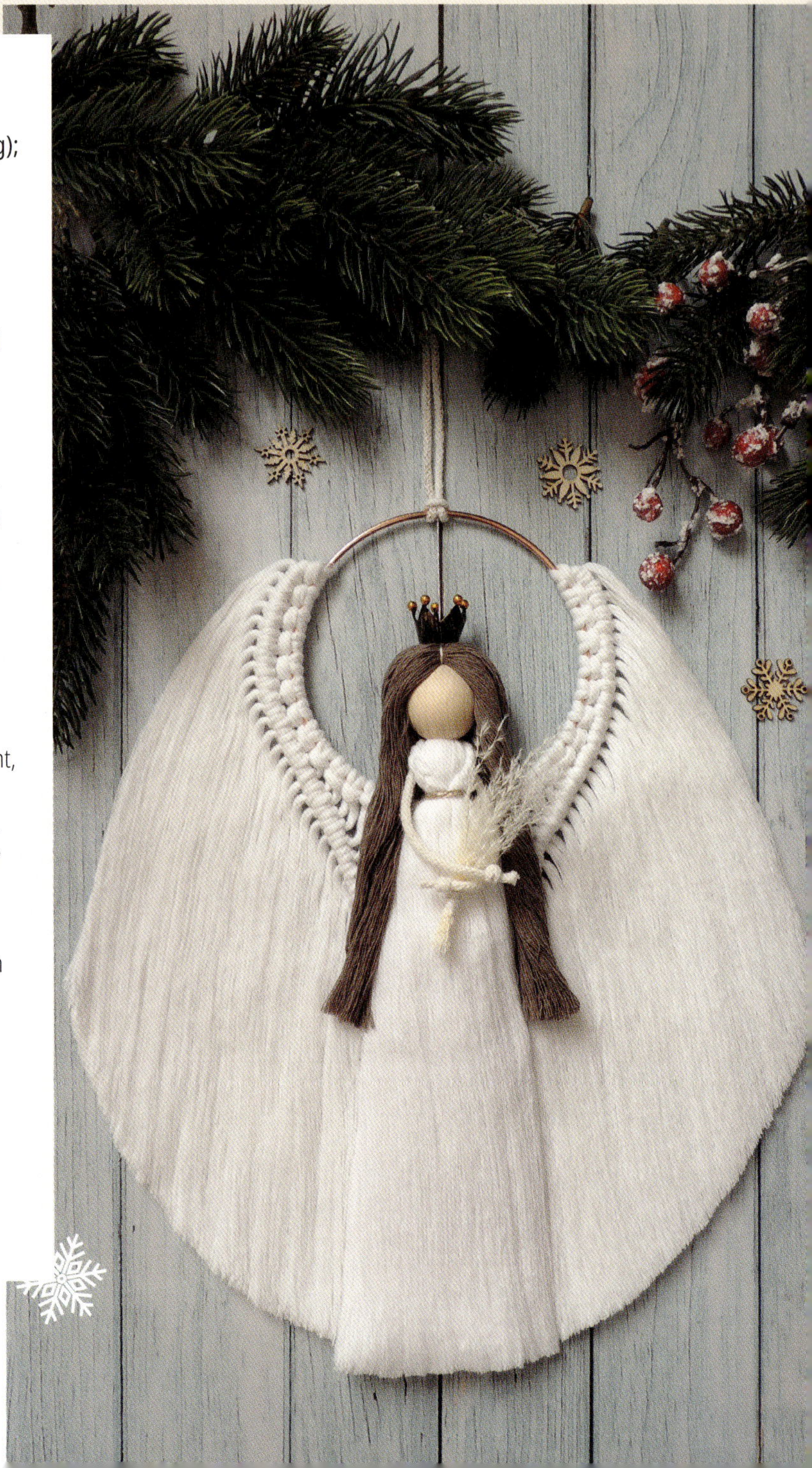

MOTIVGRÖSSE

Gesamtmotiv: 34 cm (ohne Aufhängung); **Engel:** 28 cm

MATERIAL

- Metallring, ø 12 cm
- 28 Baumwollfäden in Weiß, einfach gezwirnt, ø 3 mm, 90 cm lang für die Flügel
- Baumwollschnur in Natur, ø 1 mm, 40 cm lang als Verbindungsschnur
- Holzperle, ø 3 cm
- 13 Baumwollfäden in Braun, einfach gezwirnt, ø 3 mm, 40 cm lang für die Haare
- 8 Baumwollfäden in Weiß, einfach gezwirnt, ø 5 mm, 60 cm lang für das Kleid
- Baumwollfaden in Natur, geflochten, ø 3 mm, 30 cm lang für die Arme
- Baumwollschnur in Natur, ø 1 mm, 40 cm lang für die Taille
- Baumwollfaden in Weiß, einfach gezwirnt, ø 5 mm, 60 cm lang für den Oberkörper
- Baumwollfaden in Metallic-Kupfer, einfach gezwirnt, ø 1,5 mm, 40 cm lang für den Gürtel
- Metallkrone
- Nylonschnur, 30 cm lang zum Befestigen des Engels
- Baumwollfaden in Natur, geflochten, ø 3 mm, 35 cm lang zum Aufhängen

KNOTEN

- Ankerknoten
- Rippenknoten
- Wickelknoten

2
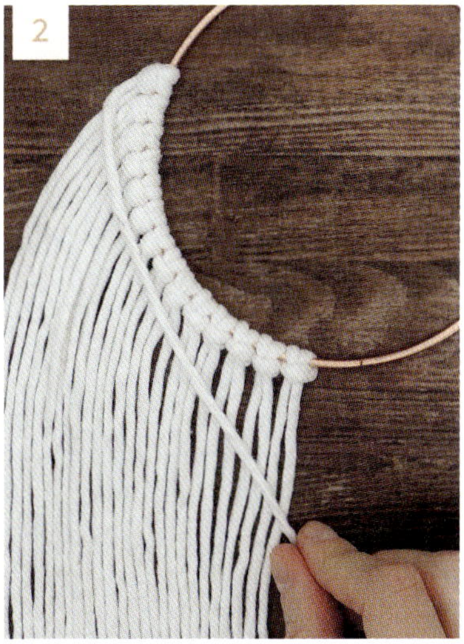

3
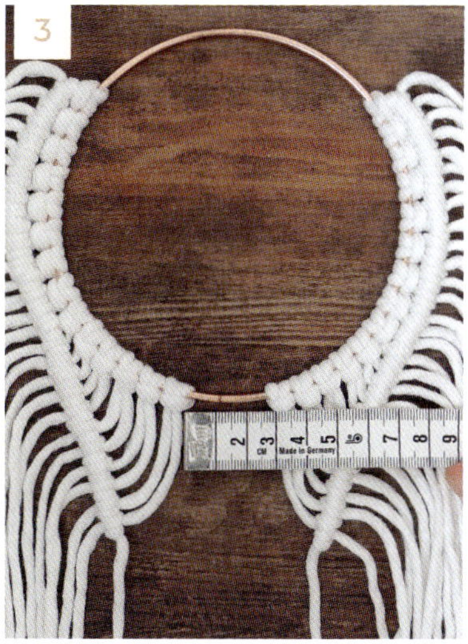

6A
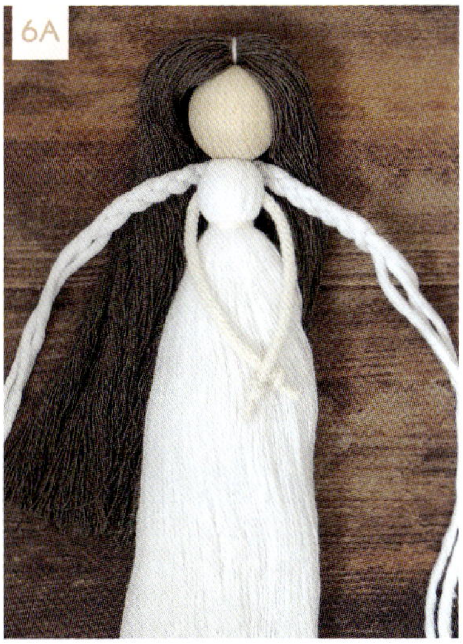

6B
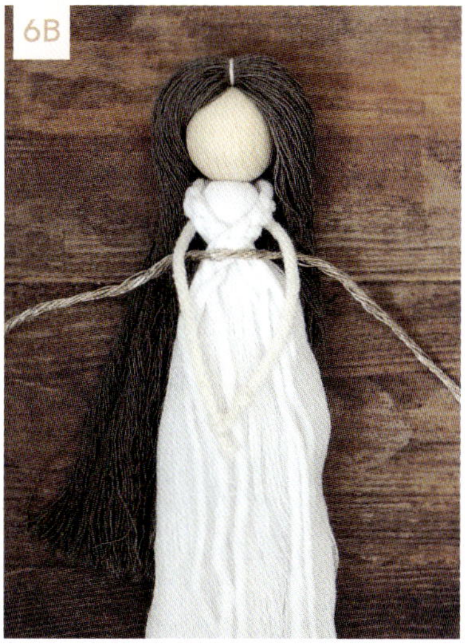

7
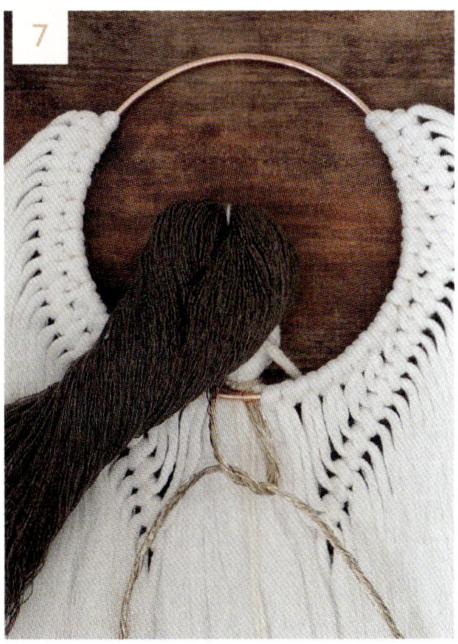

8
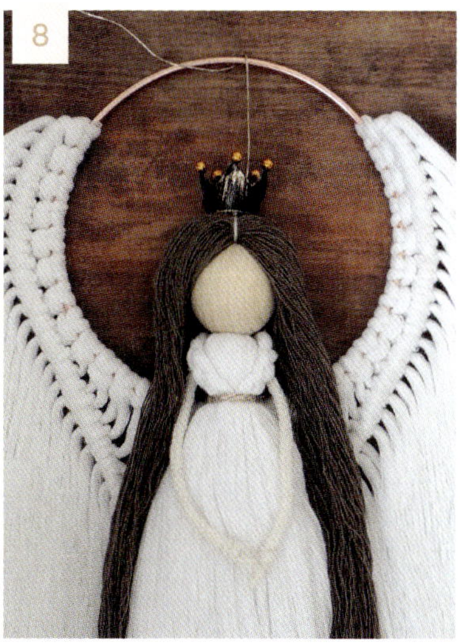

1. Für die Flügel 14 Baumwollfäden mit dem von vorne geknoteten Ankerknoten auf der linken Seite des Rings befestigen.

2. Eine Reihe Rippenknoten arbeiten. Der äußerste linke Strang dient als Trägerfaden. Die Rippenknoten dicht an den Bogen mit den Ankerknoten schieben. Bei den letzten acht Knoten die Distanz zwischen dem Ankerknoten und dem Rippenknoten zunehmend vergrößern, sodass sie beim letzten Knoten ca. 4–5 cm beträgt.

3. Schritt 1 und 2 auf der rechten Seite spiegelverkehrt wiederholen. Der äußerste rechte Strang dient als Trägerfaden. Zwischen beiden Flügeln ca. 3 cm Platz lassen.

4. Die Flügel auskämmen, mit Haarspray fixieren und zuschneiden.

5. Den Engel nach der Grundanleitung (S. 18/19) anfertigen.

6. Zur Verzierung des Oberkörpers den 60 cm langen Baumwollfaden in drei Stränge teilen. In der Mitte der Fäden einen ca. 10 cm langen Zopf flechten. Die Mitte des Zopfteils auf der Rückseite unterhalb des Kopfes platzieren, nach vorne führen, überkreuzen und mit dem 40 cm langen Metallic-Faden fest binden. Die Enden des Metallic-Fadens nicht abschneiden, da sie zum Befestigen des Engels am Ring benötigt werden. Die Enden des Zopffadens auskämmen und in das Kleid einarbeiten.

7. Den Engel mit dem Metallic-Faden zwischen den Flügeln am Ring festknoten.

8. Die Krone auf dem Kopf des Engels festkleben. Den Engel mit der Nylonschnur am Ring befestigen.

9. Die Baumwollschnur zum Aufhängen des Modells mit einem Ankerknoten am Ring anbringen.

Fiona

ENGELSFLÜGEL MIT WABEN-OPTIK

MOTIVGRÖSSE

Gesamtmotiv: 46 cm (ohne Aufhängung); **Engel:** 35 cm

MATERIAL

- Holzring, ø 16,50 cm
- 16 Baumwollfäden in Weiß, einfach gezwirnt, ø 3 mm, 120 cm lang für die großen Flügel-Waben
- 12 Baumwollfäden in Weiß, einfach gezwirnt, ø 3 mm, 100 cm lang für die mittleren Flügel-Waben
- 8 Baumwollfäden in Weiß, einfach gezwirnt, ø 3 mm, 80 cm lang für die kleinen Flügel-Waben
- Baumwollschnur in Natur, ø 1 mm, 80 cm lang als Verbindungsschnur
- Holzperle, ø 3 cm
- 8 Baumwollfäden in Natur, einfach gezwirnt, ø 5 mm, 35 cm lang für die Haare
- 17 Baumwollfäden in Pastellgrün, einfach gezwirnt, ø 3 mm, 70 cm lang für das Kleid
- Baumwollfaden in Natur, geflochten, ø 3 mm, 30 cm lang für die Arme
- Baumwollschnur in Natur, ø 1 mm, 40 cm lang für die Taille
- Baumwollfaden in Metallic-Kupfer, einfach gezwirnt, ø 3 mm, 35 cm lang für das Haarband und den Gürtel
- Spitzband in Weiß, 10 cm lang für den Oberkörper
- Trockenblumen
- Nylonschnur, 30 cm lang zum Befestigen des Engels
- Band in Gold, 50 cm lang für die Schleife
- Baumwollfaden in Natur, geflochten, ø 3 mm, 40 cm lang zum Aufhängen

KNOTEN

- Ankerknoten
- Kreuzknoten
- Rippenknoten
- Wickelknoten

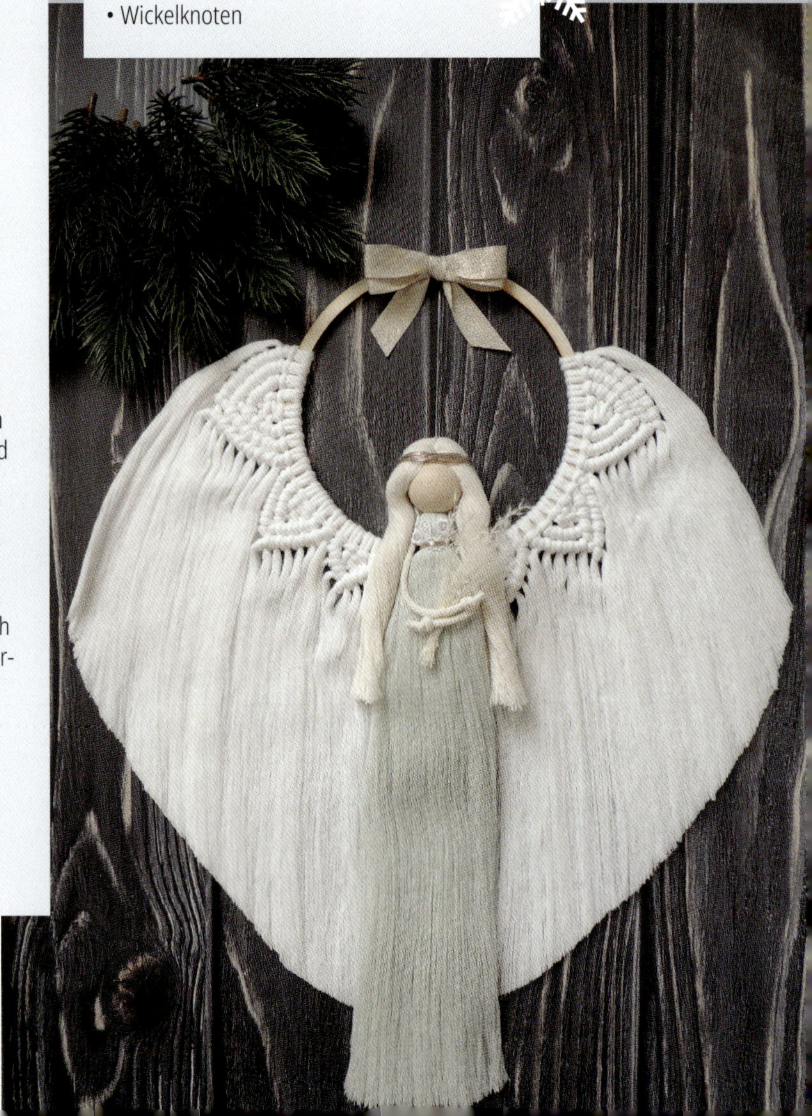

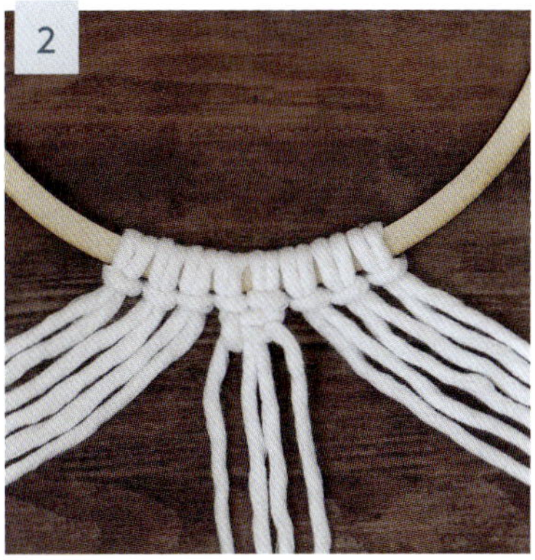
2

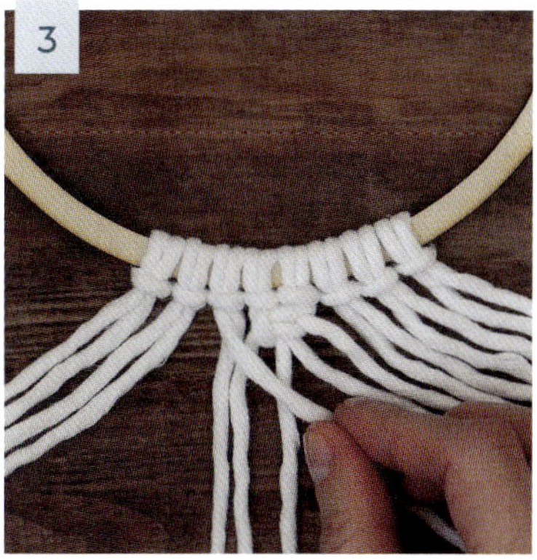
3

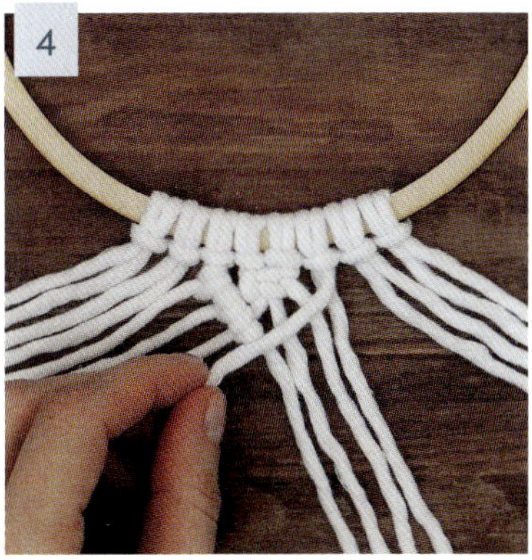
4

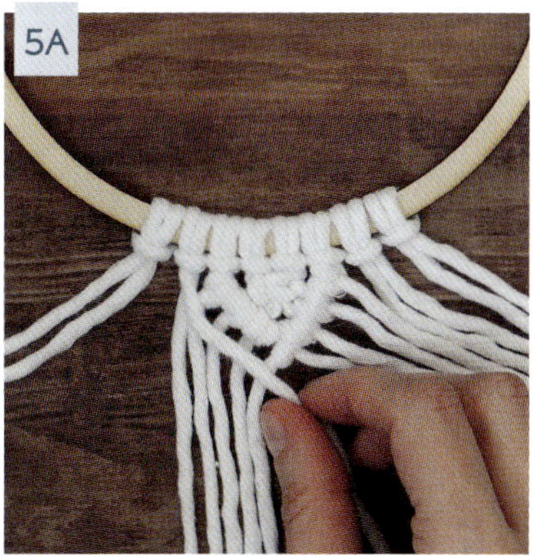
5A

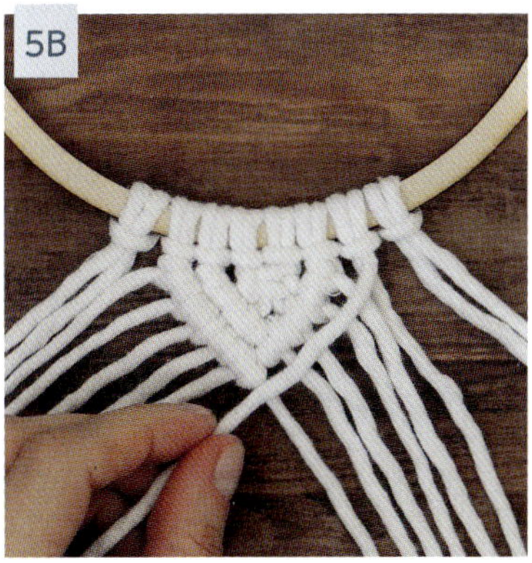
5B

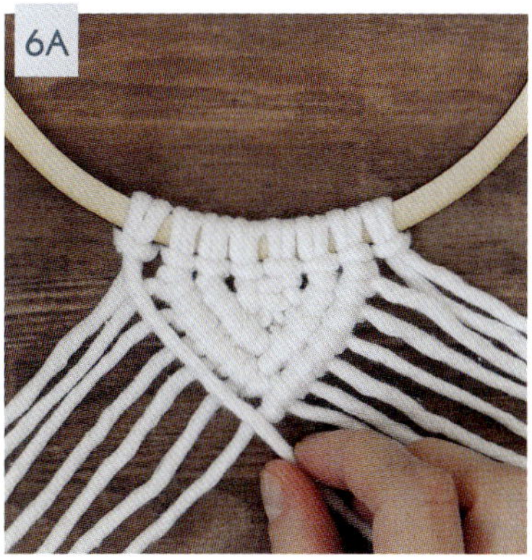
6A

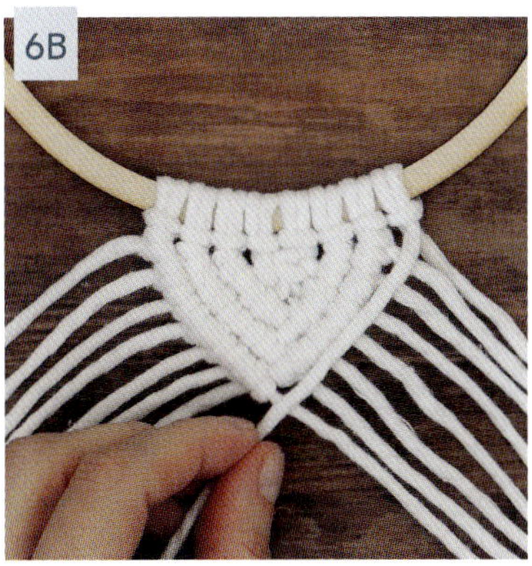
6B

1. Für die große Wabe des linken Flügels acht 120 cm lange Baumwollfäden mit dem von vorne geknoteten Ankerknoten am Holzring befestigen.

2. Auf beiden Seiten sechs Stränge beiseitelegen und mit den mittleren vier Strängen einen Kreuzknoten arbeiten.

3. Nun Rippenknoten um den Kreuzknoten arbeiten. Der fünfte Strang der linken Seite dient als Trägerfaden. Mit den folgenden drei Fäden rechts davon je einen Rippenknoten arbeiten.

4. Nun den fünften Faden von rechts als Trägerfaden hernehmen und vier Rippenknoten arbeiten (der Trägerfaden der linken Seite dient als vierter Arbeitsfaden).

5. Schritt 3 und 4 für eine zweite Reihe Rippenknoten wiederholen. Als Trägerfaden dienen zuerst der dritte Faden von links und dann der dritte Faden von rechts. Auf jeder Seite werden je zwei Rippenknoten mehr gearbeitet.

6. Schritt 5 für die letzte Rippenknoten-Reihe wiederholen. Die äußersten Stränge dienen als Trägerfäden.

7. Für die mittlere Wabe des linken Flügels sechs 100 cm lange Baumwollfäden mit dem von vorne geknoteten Ankerknoten rechts der großen Wabe am Holzring befestigen. Die Schritte 2–5 wiederholen. Dabei am Anfang nur vier Stränge beiseitelegen. Für die erste Rippenknoten-Reihe den dritten Strang als Arbeitsfaden nehmen und für die zweite den äußersten Strang.

8. Für die kleine Wabe des linken Flügels vier 80 cm lange Baumwollfäden rechts der mittleren Wabe am Ring befestigen. Die Schritte 2–4 wiederholen. Für den Kreuzknoten auf jeder Seite zwei Stränge beiseitelegen. Für die Rippenknotenreihe die äußersten Stränge als Trägerfäden nutzen.

9. Die Schritte 1–8 spiegelverkehrt für den rechten Flügel wiederholen.

10. Die Fäden kürzen, auskämmen, zuschneiden und mit Haarspray fixieren.

11. Einen Engel ohne Flügel nach der Grundanleitung (S. 18/19) anfertigen.

12. Zur Verzierung des Engels das Garn in Metallic-Kupfer in zwei Fäden aufwickeln. Den Oberkörper des Engels mit einem Spitzband verzieren. Dazu das Band auf der Rückseite mittig unter dem Kopf platzieren, nach vorne führen, überkreuzen und an der Taille mit einem 1,5 mm dicken Baumwollfaden in Metallic-Kupfer festbinden. Den zweiten Teil des Fadens in Metallic-Kupfer als Haarband um den Kopf des Engels binden und auf der Rückseite festknoten. Einen Strauß Trockenblumen in den Armen des Engels arrangieren und festkleben.

13. Mit dem Faden in Metallic-Kupfer an der Taille den Engel am Holzring befestigen. Den Engel mit der Nylonschnur am Ring anbringen.

14. Zum Aufhängen des Modells einen Baumwollfaden mit einem Ankerknoten am Ring befestigen. Eine Schleife aus dem Band binden und am Ring festkleben.

8
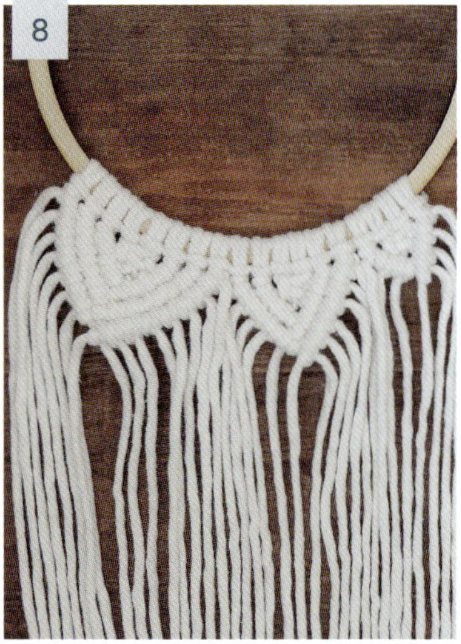

12
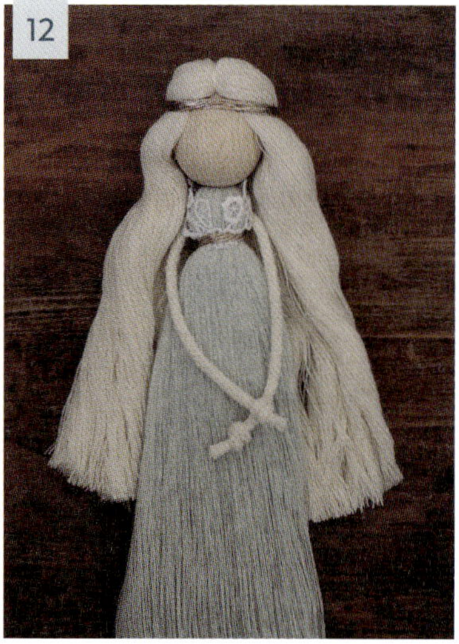

13
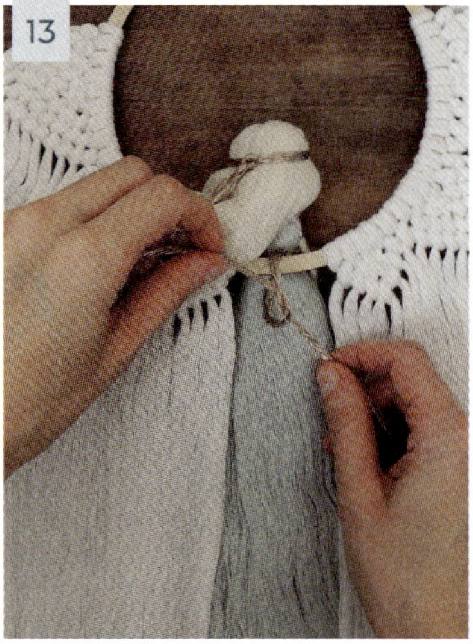

Adriana

ENGELSFLÜGEL MIT SPIRAL-EFFEKT

MOTIVGRÖSSE

Gesamtmotiv: 46 cm (ohne Aufhängung), **Engel:** 35 cm

MATERIAL

- Holzring, ø 16,5 cm
- 24 Baumwollfäden in (Gold-)Natur, einfach gezwirnt , ø 3 mm, 140 cm lang für die Flügel
- Baumwollschnur in (Gold-)Natur, ø 1 mm, 40 cm lang als Verbindungsschnur
- Holzperle, ø 3,5 cm
- 8 Baumwollfäden in Braun, einfach gezwirnt, ø 4 mm, 40 cm lang für die Haare
- 16 Baumwollfäden in (Gold-)Natur, einfach gezwirnt, ø 3 mm, 70 cm lang für das Kleid
- Baumwollfaden in Natur, geflochten, ø 3 mm, 30 cm lang für die Arme
- Baumwollschnur in Natur, ø 1 mm, 40 cm lang für die Taille
- Spitzband in Natur, ca. ø 1 cm, 20 cm lang für das Haarband
- Trockenblumen
- Spitzband in Natur, 30 cm lang für den Blumenstrauß

KNOTEN

- Ankerknoten
- Rippenknoten
- Wickelknoten

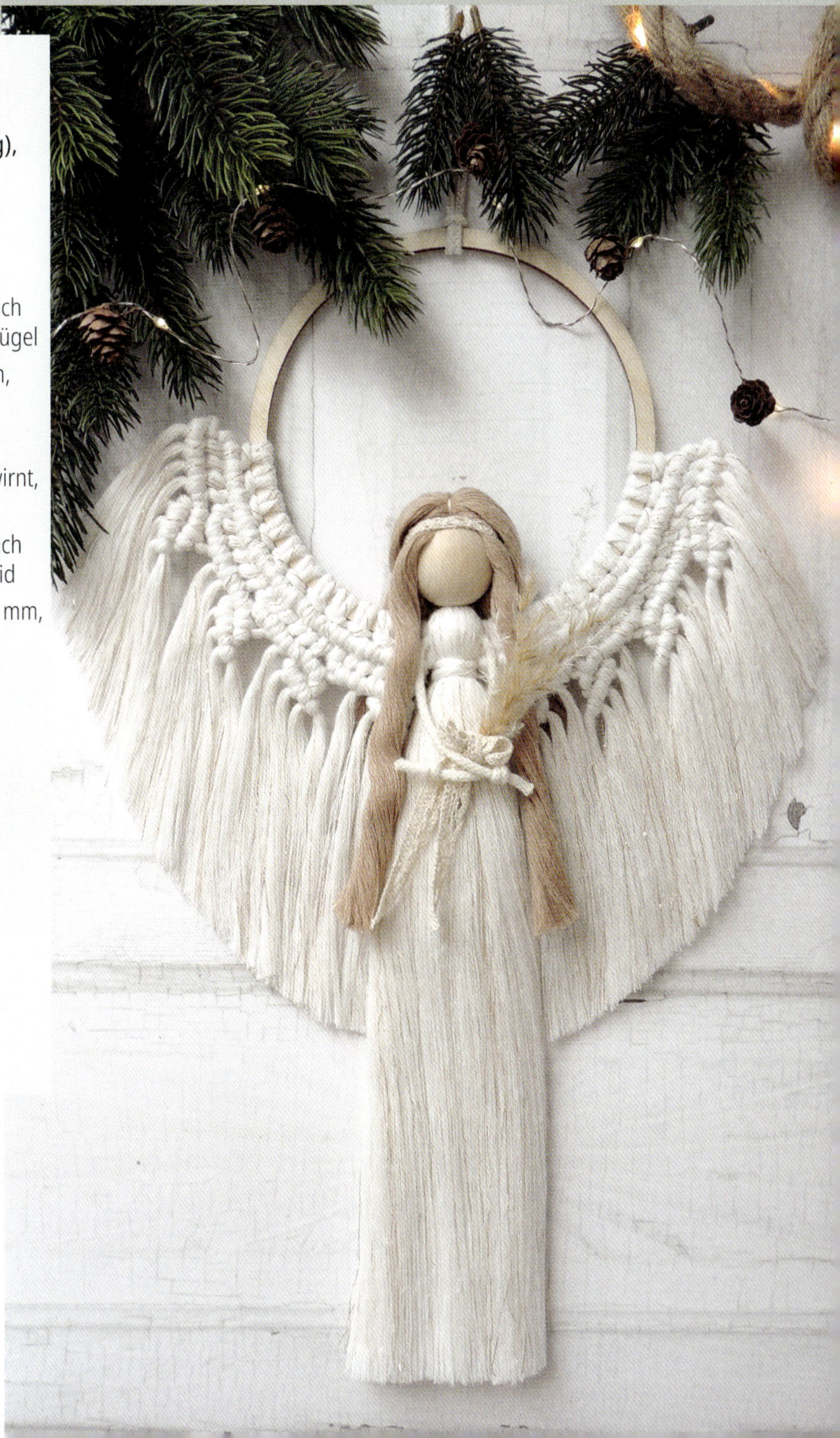

1. Für den linken Teil des Flügels 12 Baumwollfäden (140 cm) mit einem von vorne geknoteten Ankerknoten am Holzring befestigen.

2. Von rechts nach links Rippenknoten arbeiten. Den ersten Faden von rechts als Trägerfaden nutzen.

3. Den Ring wenden. Auf der Rückseite eine weitere Reihe Rippenknoten von links nach rechts arbeiten. Der erste Faden von links dient als Trägerfaden.

4. Den Ring erneut wenden. Die Baumwollfäden in vier Gruppen mit je sechs Fäden aufteilen. Die sechs Fäden jeder Gruppe durch Rippenknoten verbinden. Dabei immer von links nach rechts knoten. Jeder erste Faden von links ist ein Trägerfaden.

5. Die äußersten fünf Fäden rechts und links zur Seite legen. Den sechsten Faden von links als Trägerfaden nehmen und mit den folgenden zwei Fäden einen Rippenknoten darum herum knüpfen. Die nächsten drei Fäden überspringen. Wiederholen Sie dies mit der nächsten Gruppe. Der letzte Faden der dritten Gruppe von links (Trägerfaden) wird mit dem ersten Faden der vierten Gruppe (Arbeitsfaden) durch einen Rippenknoten verbunden.

6. Die ersten vier Fäden von links beiseitelegen. Den folgenden Faden als Trägerfaden nehmen und mit den nächsten drei Fäden je einen Rippenknoten darum arbeiten.

7. Die nächsten zwei Fäden beiseitelegen. Der darauffolgende Faden dient als Trägerfaden, um den mit den drei kommenden Fäden je ein Rippenknoten gearbeitet wird.

8. Den nächsten Faden beiseitelegen. Den darauffolgenden Faden als Trägerfaden nutzen und mit den folgenden drei Fäden je einen Rippenknoten arbeiten.

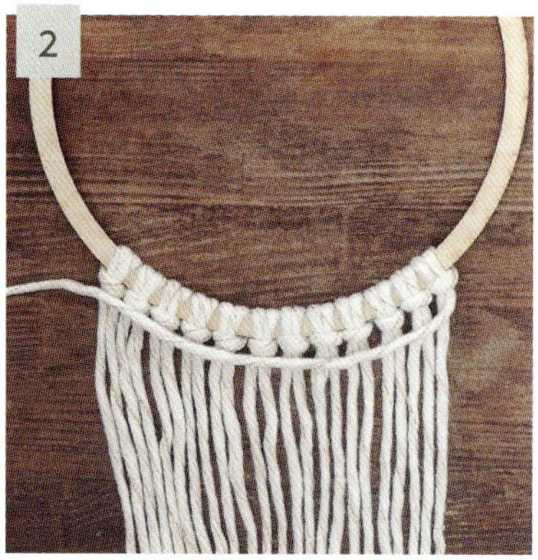

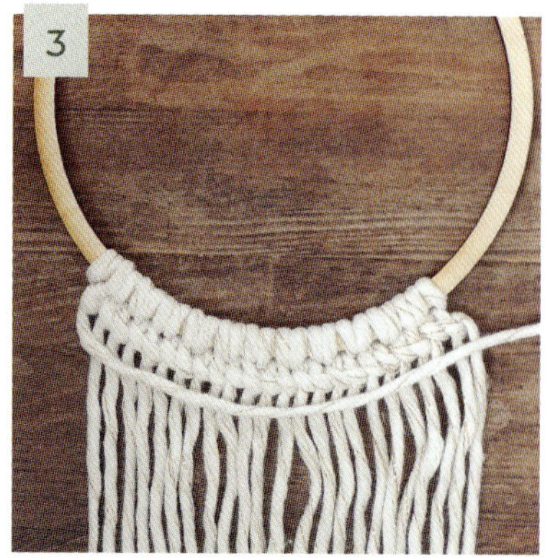

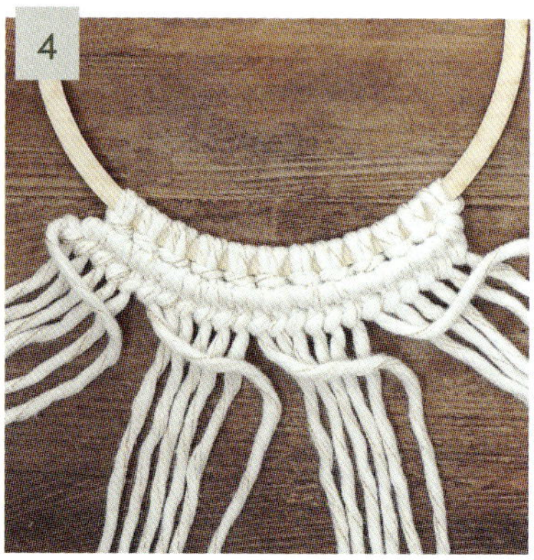

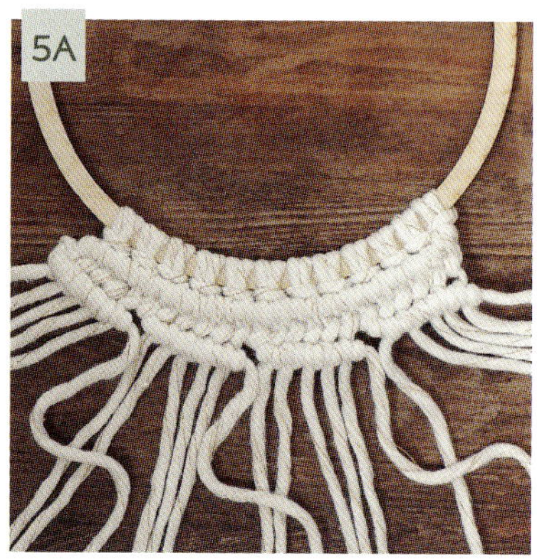

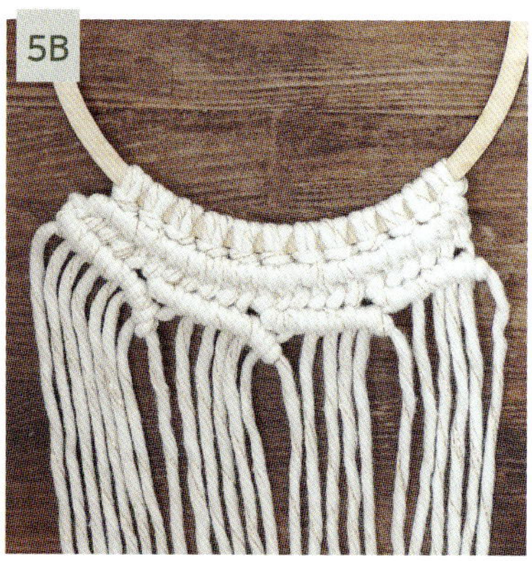

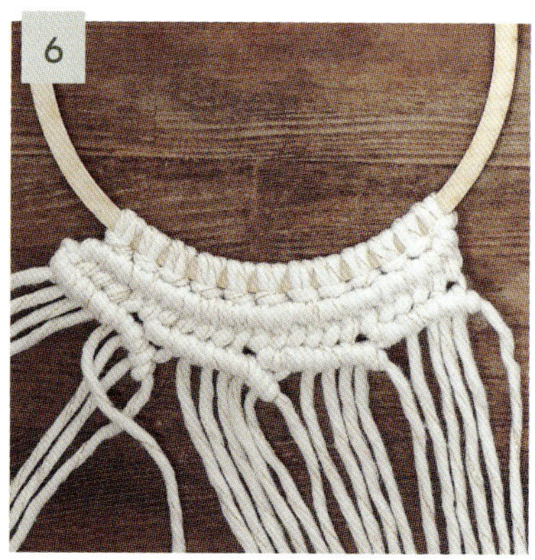

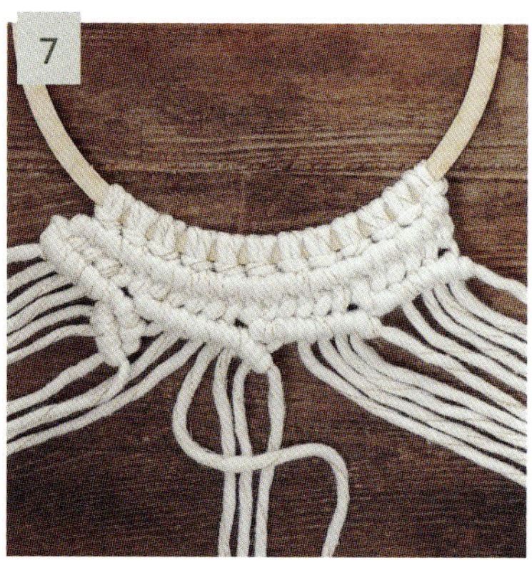

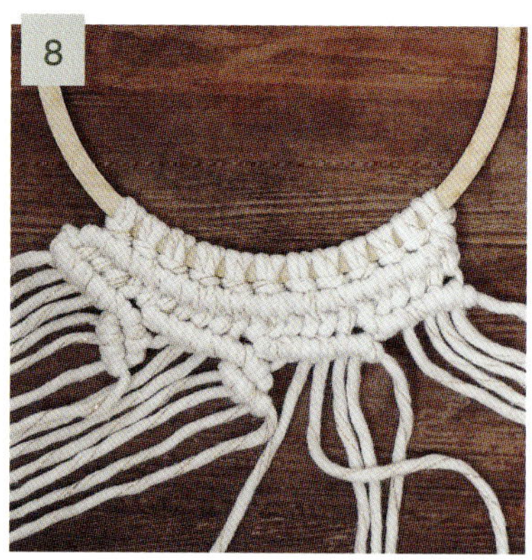

9. Schritt 8 wiederholen. Der linke Flügel ist nun fertig.

10. Die Schritte 1–9 für die rechte Flügelhälfte spiegelverkehrt wiederholen. In Schritt 2 auf der linken Seite starten und nach rechts knüpfen.

11. Wenn beide Flügelteile geknüpft sind, die Enden der Flügel auskämmen, auf die gewünschte Länge kürzen und mit Haarspray fixieren.

12. Die Haare und das Kleid für den Engel nach der Grundanleitung (S. 18/19) anfertigen und mit der Verbindungsschnur Haare, Holzperle, Kleid und Arme verbinden. Um den Engel mit den Flügeln am Ring zu befestigen, den Ring zwischen den beiden Hälften des Kleides platzieren. Beide Hälften des Kleides aufeinanderlegen und die Taille mit einem Wickelknoten schüren, sodass der Engel fest am Ring sitzt und sich nicht bewegen kann. Abschließend das Kleid in Form kämmen und zurechtschneiden.

13. Zur Verzierung das Spitzband zusammenrollen, um den Kopf des Engels legen, am Hinterkopf verknoten und festkleben. Einen Strauß Trockenblumen mit dem Spitzband zusammenbinden, passend drapieren und festkleben.

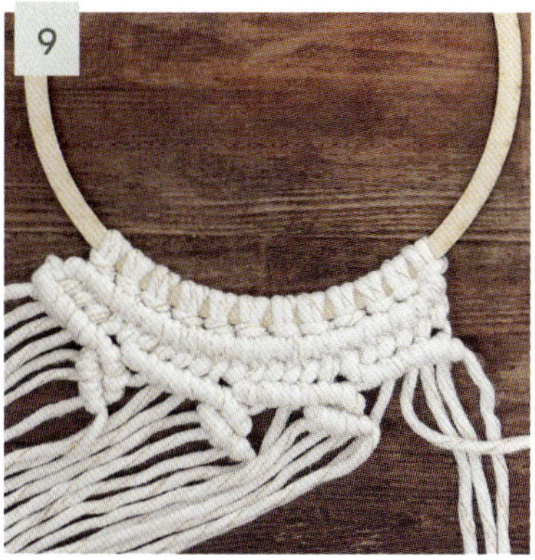

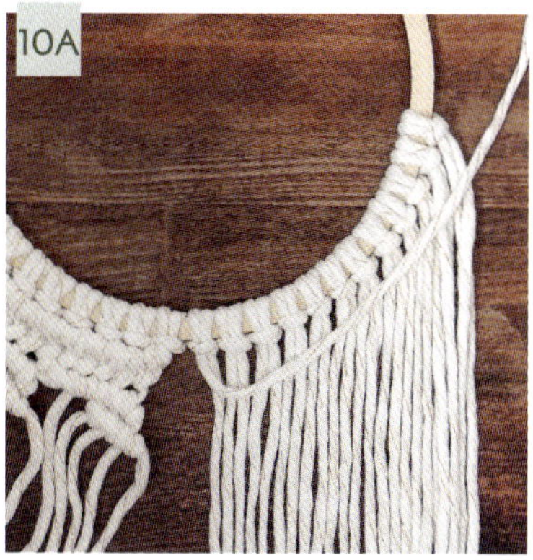

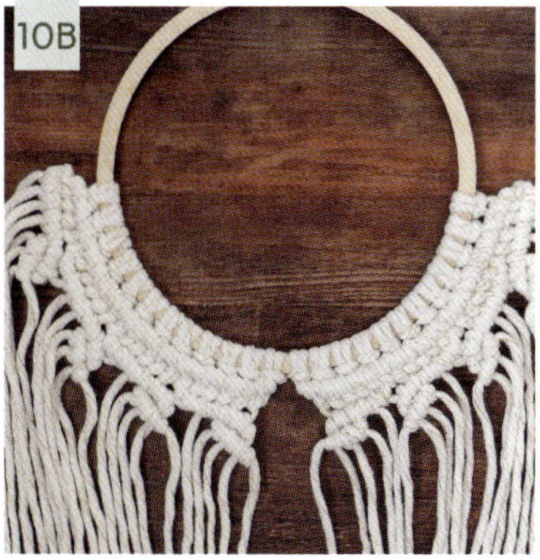

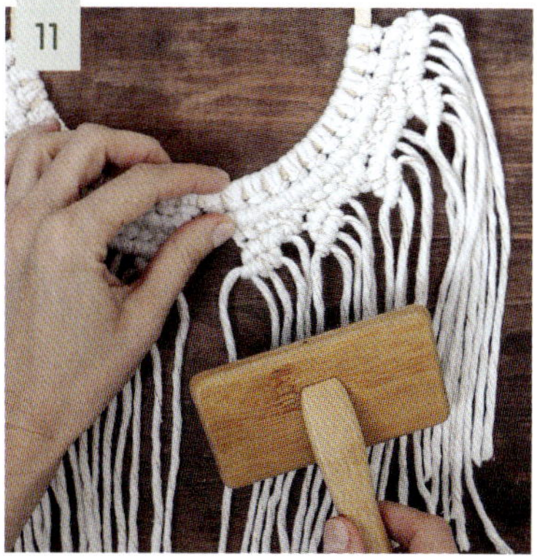

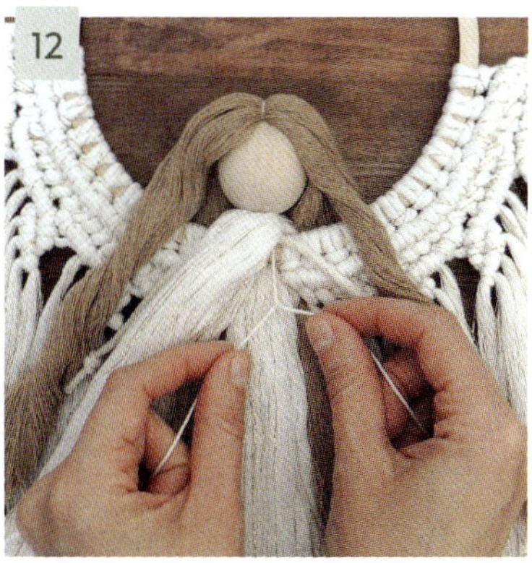

Isabella
BEGLEITERIN MIT FEDERFLÜGELN

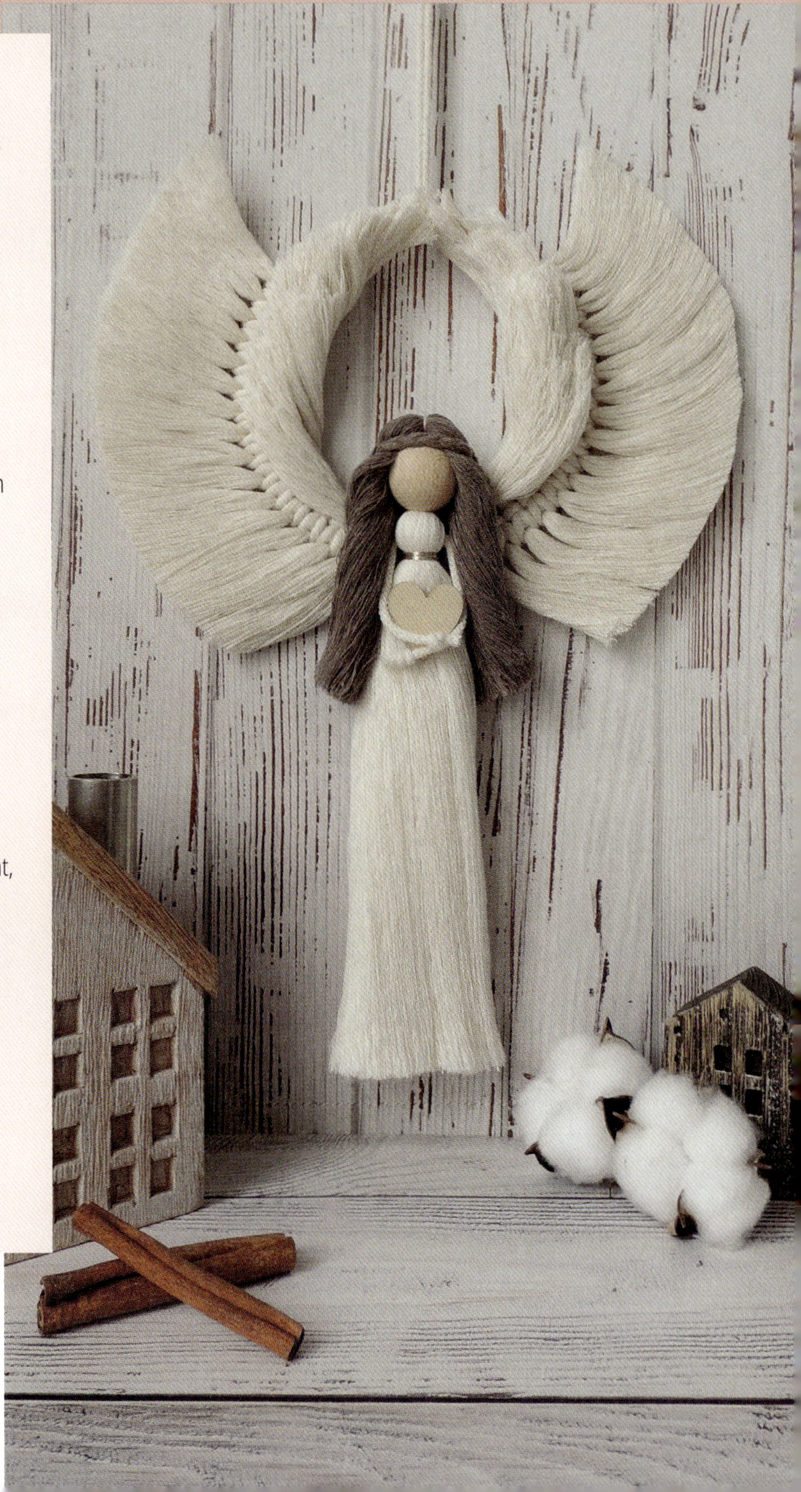

MOTIVGRÖSSE

Gesamtmotiv: 26 cm x 34 cm (ohne Aufhängung); **Engel:** 25 cm

MATERIAL

- Metallring, ø 14 cm
- Baumwollfaden in Natur, geflochten, ø 3 mm, 160 cm lang zum Umwickeln des Ringes
- 64 Baumwollfäden in Natur, einfach gezwirnt, ø 3 mm, 18 cm lang für die Flügel
- Baumwollschnur in Natur, ø 1 mm, 70 cm lang als Verbindungsschnur
- Holzperle, ø 3 cm
- 8 Baumwollfäden in Braun, einfach gezwirnt, ø 5 mm, 25 cm lang für die Haare
- 8 Baumwollfäden in Natur, einfach gezwirnt, ø 5 mm, 40 cm lang für das Kleid
- Baumwollfaden in Natur, geflochten, ø 3 mm, 25 cm lang für die Arme
- Baumwollschnur in Natur, ø 1 mm, 35 cm lang für die Taille
- Baumwollfaden in Braun, einfach gezwirnt, ø 5 mm, 30 cm lang für das Haarband
- Baumwollfaden in Metallic-Kupfer, einfach gezwirnt, ø 2 mm, 30 cm lang für den Gürtel
- Holzherz
- Baumwollfaden in Natur, geflochten, ø 3 mm, 30 cm lang zum Aufhängen

KNOTEN

- Wickelknoten

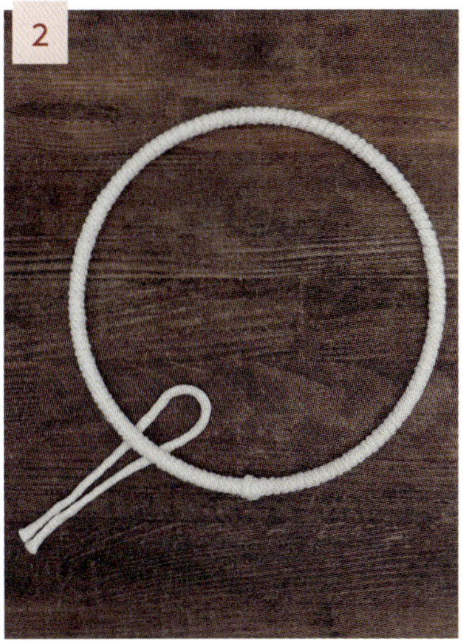
2

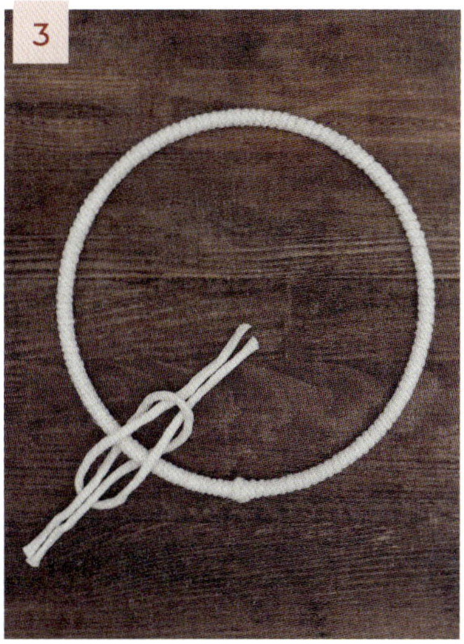
3

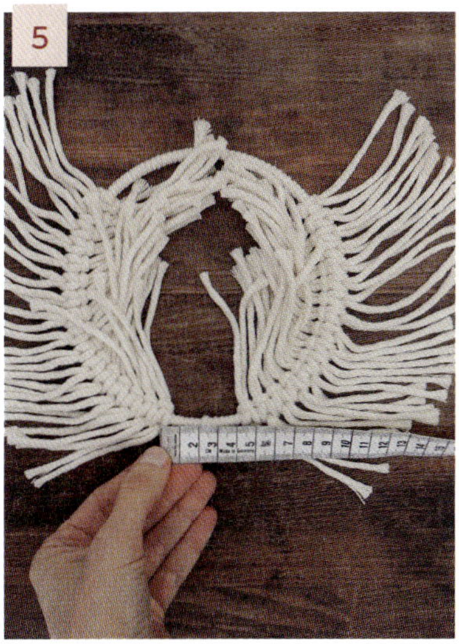
5

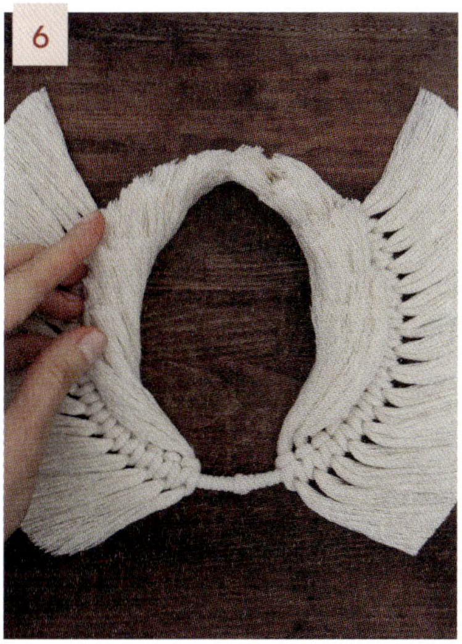
6

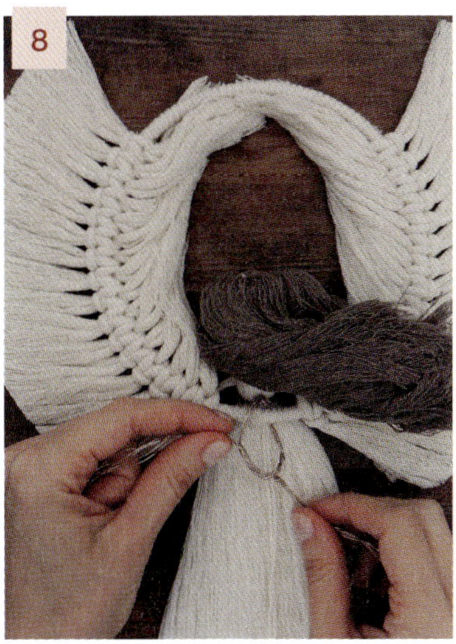
8

1. Den Ring mit dem Baumwollfaden umwickeln.

2. Für die Flügel einen Baumwollfaden mittig zu einer Schlaufe legen und unten links unter den Ring schieben, sodass die offenen Enden nach links zeigen.

3. Aus einem weiteren Faden eine zweite Schlaufe vorbereiten. Diese auf den Ring und die erste Schlaufe legen, sodass die offenen Enden nach rechts zeigen. Die Enden der unteren Schlaufe durch die obere führen und die Enden der oberen Schlaufe durch die untere führen. Anschließend die Enden festziehen.

4. Schritt 2 und 3 mit weiteren 30 Baumwollfäden für den linken Flügel wiederholen.

5. Schritt 2–4 für den rechten Flügel wiederholen. Dabei unten einen Abstand von 4 cm zwischen den Flügeln lassen.

6. Die Flügel auskämmen und zuschneiden. Die inneren Fäden nach oben drehen, um einen Effekt wie auf dem Bild zu erzielen. Anschließend die Flügel mit Haarspray fixieren.

7. Einen Engel ohne Flügel nach der Grundanleitung (S. 18/19) anfertigen. Den Baumwollfaden in Braun für das Haarband in drei Fäden teilen, flechten, um den Kopf des Engels legen, auf der Rückseite verknoten und festkleben.

8. Den Baumwollfaden in Metallic-Kupfer zuerst um die Taille des Engels wickeln und anschließend mit einem einfachen Knoten am Ring festknoten.

9. Einen Teil der Haare auf die Vorderseite der Flügel legen und für einen Welleneffekt etwas eindrehen. Den Engel mit Haarspray fixieren. Ein Holzherz in den Armen drapieren und festkleben.

10. Zum Aufhängen des Modells einen Baumwollfaden mit einem Ankerknoten am Ring befestigen.

Charlotta

ENGELSFLÜGEL MIT KLEINEM RING

MOTIVGRÖSSE

Gesamtmotiv: 23,5 cm (ohne Aufhängung); **Engel:** 21 cm

MATERIAL

- Juteschnur, ø 1 mm, 40 cm lang als Verbindungsschnur
- Holzperle, ø 3 cm
- 5 Baumwollfäden in Braun, einfach gezwirnt, ø 4 mm, 30 cm lang für die Haare
- 14 Baumwollfäden in Weiß, einfach gezwirnt, ø 3 mm, 37 cm lang für das Kleid
- Baumwollfaden in Natur, 3-fach gezwirnt, ø 3 mm, 25 cm lang für die Arme
- Holzring, ø 7 cm
- Juteschnur, ø 2 mm, 40 cm lang für die Taille
- Baumwollfaden in Natur, 3-fach gezwirnt, ø 2 mm, 20 cm lang für das Haarband
- 16 Baumwollfäden in Natur, einfach gezwirnt, ø 3 mm, 40 cm lang für die Flügel
- 2 Baumwollfäden in Natur, einfach gezwirnt, ø 3 mm, 45 cm lang für die Flügel
- Baumwollfaden in Natur, ø 2 mm, 3-fach gezwirnt, 25 cm lang zum Aufhängen
- Holzstern

KNOTEN

- Ankerknoten
- Rippenknoten
- Wickelknoten

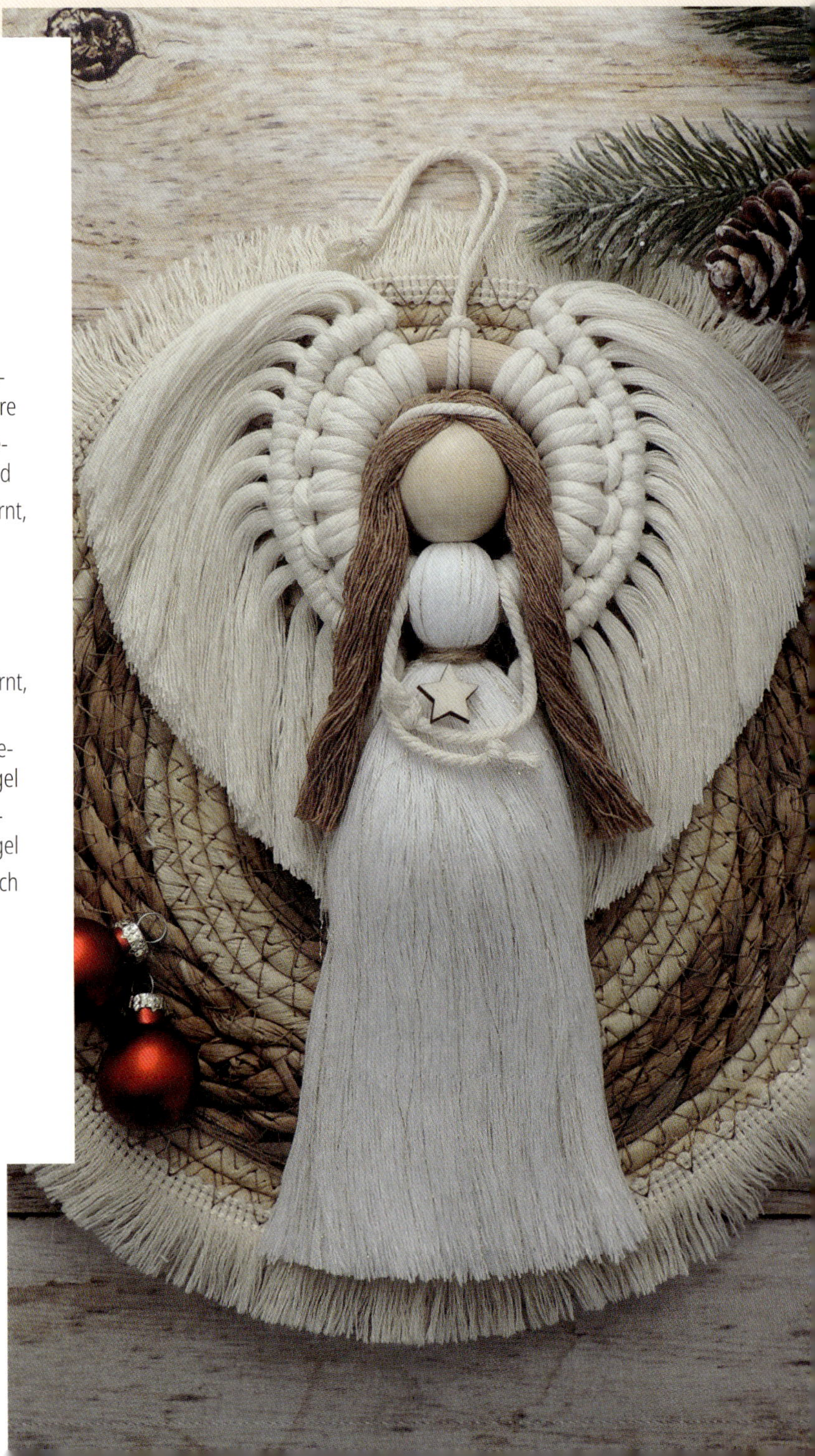

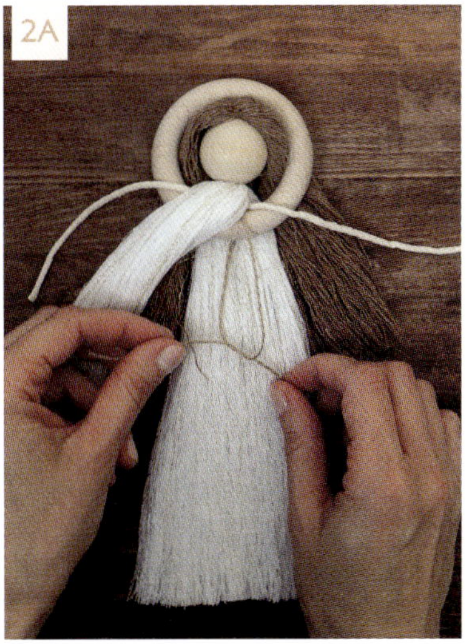
2A

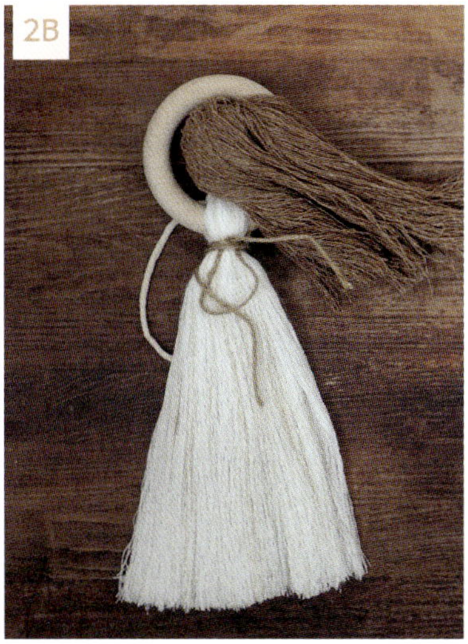
2B

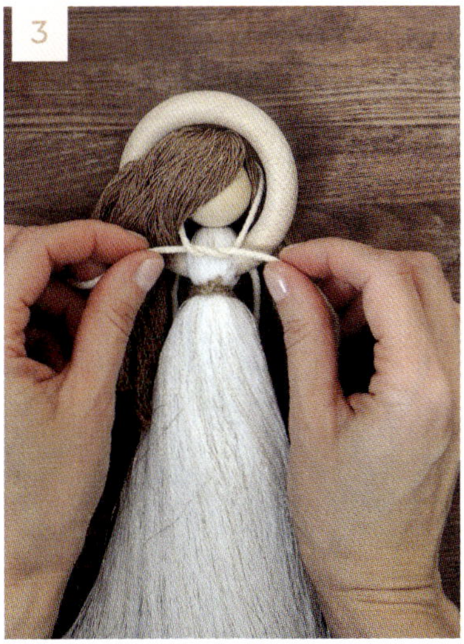
3

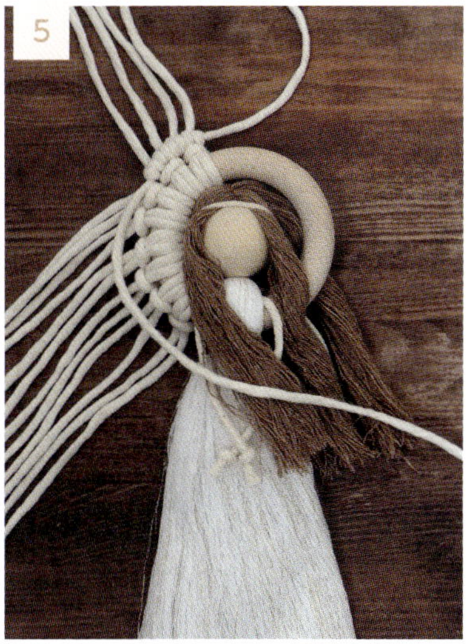
5

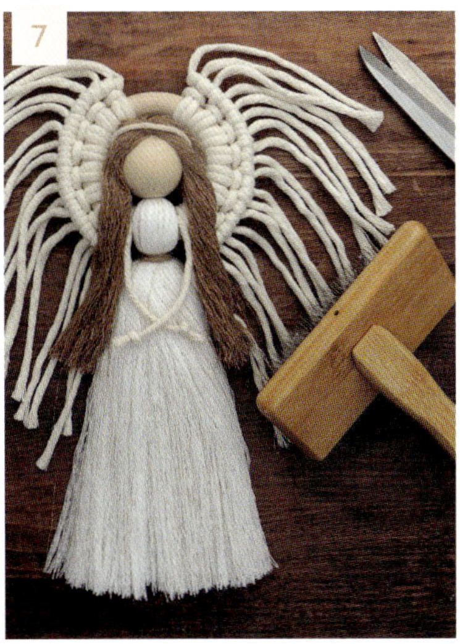
7

1. Nach der Grundanleitung (S. 18/19) die Haare und das Kleid vorbereiten. Mit der Verbindungsschnur die Haare und das Kleid an der Perle befestigen.

2. Den Holzring und die Arme zwischen dem Kleid platzieren und mit der Verbindungsschnur festbinden. Anschließend mit einem Wickelknoten die Taille fertigen.

3. Rechts und links einen Teil der Haare nach vorne legen. Den Baumwollfaden für das Haarband von vorne über die zwei Strähnen legen, unter den restlichen Haaren hindurchführen, am Hinterkopf verknoten und festbinden. Das Kleid auskämmen, zuschneiden und mit Haarspray fixieren.

4. Für den linken Flügel acht Baumwollfäden mit einem von vorne geknoteten Ankerknoten auf der linken Seite des Engels am Holzring befestigen.

5. Einen der beiden 45 cm langen Baumwollfaden auf die befestigten Baumwollfäden legen. Dieser dient als Trägerfaden, um den mit jedem befestigten Baumwollfaden ein Rippenknoten gearbeitet wird. Mit dem äußersten Faden beginnen. Es sollte am äußeren Ende ein 15 cm langes Stück des Trägerfadens überstehen.

TIPP: Den Trägerfaden mithilfe eines Klebebandes am Tisch oder an der Arbeitsfläche festkleben, damit er beim Knüpfen nicht verrutscht.

6. Die Schritt 4 und 5 für den rechten Flügel wiederholen.

7. Die Flügel auskämmen, zuschneiden und mit Haarspray fixieren.

8. Zum Aufhängen des Modells einen Baumwollfaden mit einem Ankerknoten am Ring anbringen und die Fadenenden verknoten. Den Holzstern auf dem Engel platzieren und festkleben.

Serafina
FLÜGEL MIT DREIECKSMUSTER

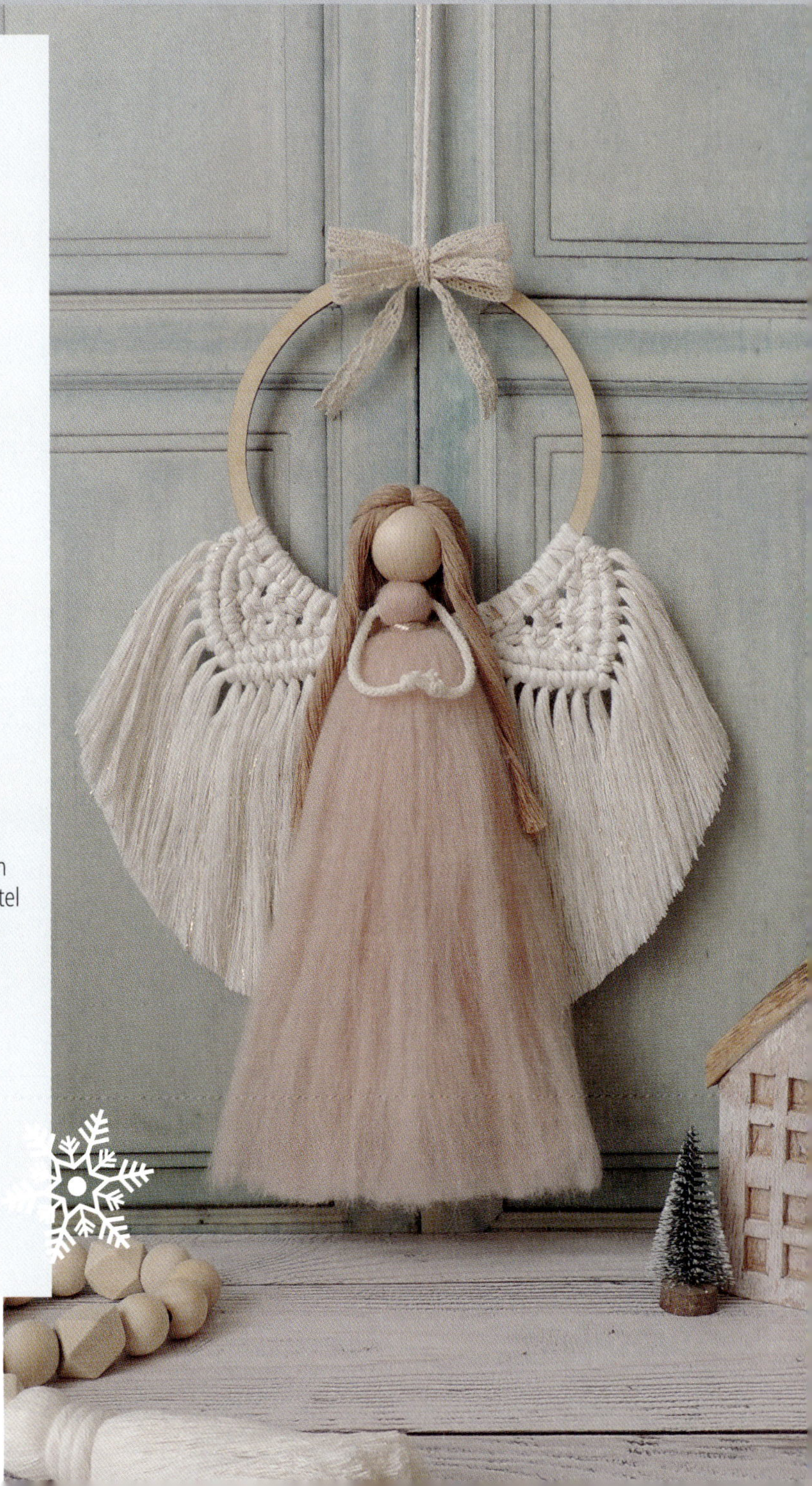

MOTIVGRÖSSE

Gesamtmotiv: 25 cm x 38 cm (ohne Aufhängung); **Engel:** 28 cm

MATERIAL

- Holzring, ø 15 cm
- 16 Baumwollfäden in (Gold-)Natur, einfach gezwirnt, ø 3 mm, 100 cm lang für die Flügel
- Baumwollfaden in Natur, ø 1 mm, 50 cm lang als Verbindungsschnur
- Holzperle, ø 3 cm
- 8 Baumwollfäden in Braun, einfach gezwirnt, ø 4 mm, 35 cm lang für die Haare
- Baumwollfaden in Natur, geflochten, ø 3 mm, 30 cm lang für die Arme
- Merinowolle in Rosa, 50 cm lang, ca. 5 cm breit für das Kleid
- Baumwollfaden in Natur, ø 1 mm, 30 cm lang für die Taille
- Baumwollfaden in Weiß, ø 1,5 mm, 20 cm lang für den Zopf
- Baumwollfaden in Metallic-Kupfer, einfach gezwirnt, ø 3 mm, 35 cm lang für den Gürtel
- Spitzband in Natur, 40 cm lang für die Schleife
- Baumwollfaden in Natur, geflochten, ø 3 mm, 40 cm lang zum Aufhängen

KNOTEN

- Ankerknoten
- Kreuzknoten
- Rippenknoten
- Wickelknoten

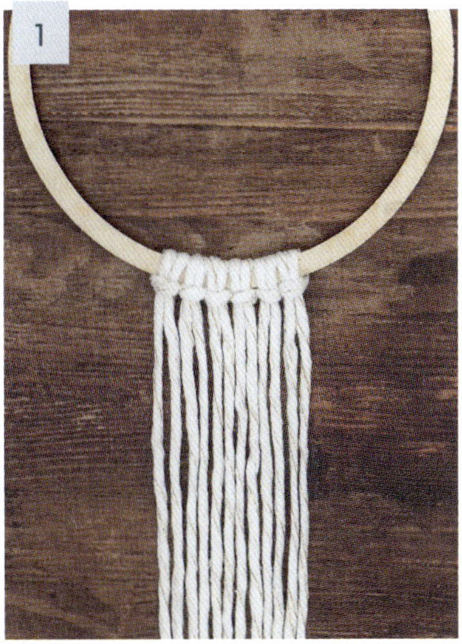

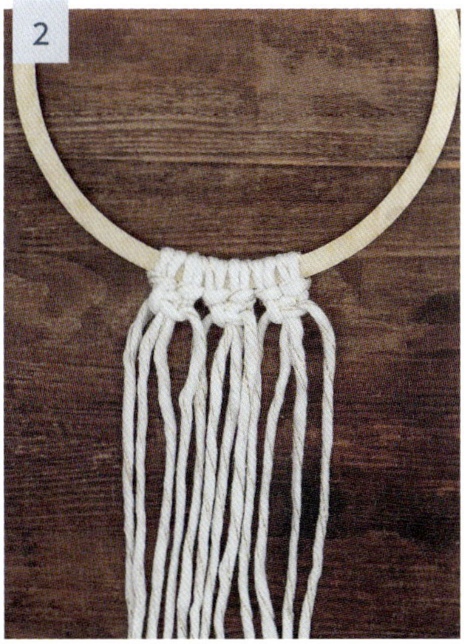

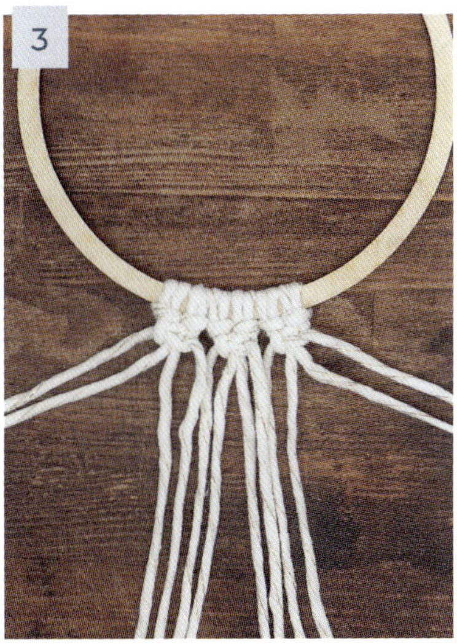

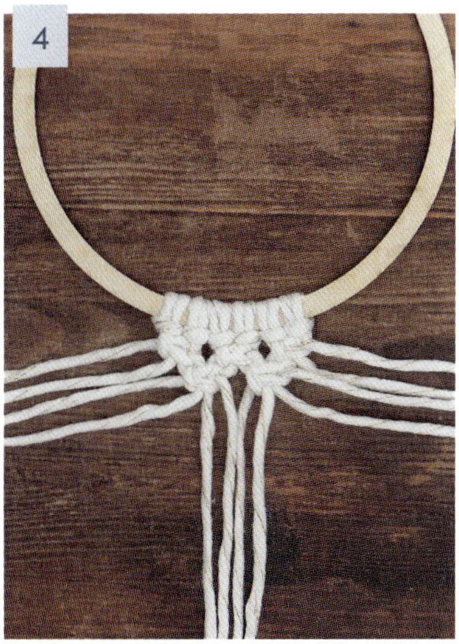

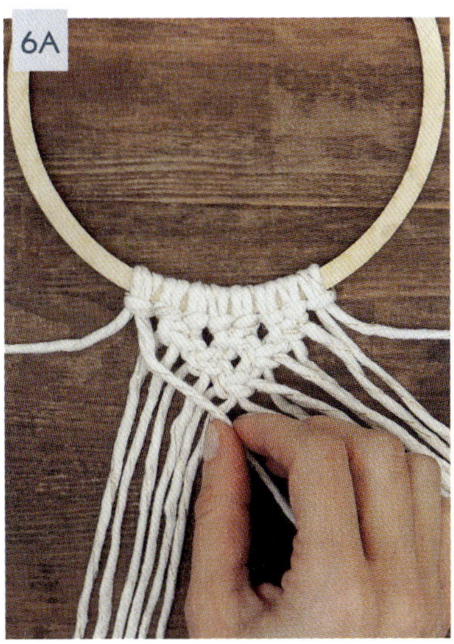

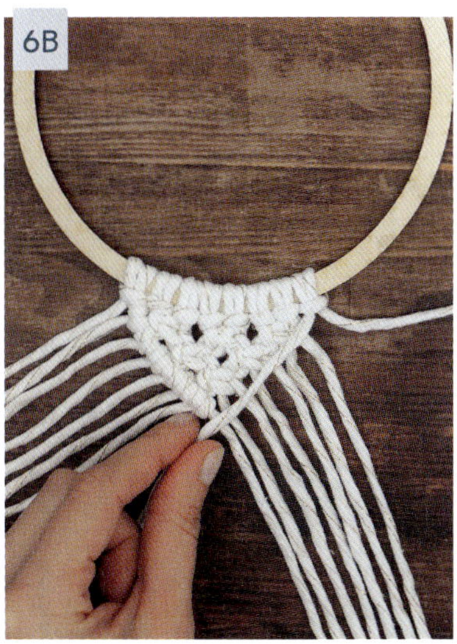

1. Für die Flügel sechs Fäden mit dem von vorne geknoteten Ankerknoten am Holzring befestigen.

2. Mit den zwölf Strängen drei Kreuzknoten knüpfen. Dabei immer aus vier Strängen einen Knoten arbeiten. Die mittleren Fäden dienen jeweils als Trägerfäden.

3. Auf beiden Seiten jeweils zwei Stränge zur Seite legen. Aus den restlichen acht Strängen zwei weitere Kreuzknoten arbeiten.

4. Erneut auf beiden Seiten zwei Stränge weglegen. Aus den übrigen vier Strängen einen weiteren Kreuzknoten knüpfen.

5. Rechts und links je einen weiteren Baumwollfaden mit einem von vorne geknoteten Ankerknoten am Holzring befestigen.

6. Nun entlang des Dreiecks Rippenknoten arbeiten. Dafür auf beiden Seiten den letzten Strang zur Seite legen. Der vorletze Strang dient als Trägerfaden. Auf der linken Seite sechs Rippenknoten bis zur Spitze des Dreiecks arbeiten. Auf der rechten Seite sieben Rippenknoten arbeiten (der Trägerfaden der linken Seite dient als weiterer Arbeitsfaden).

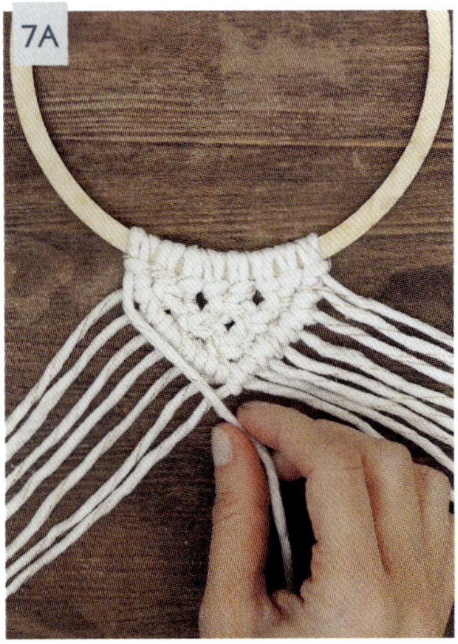

7A

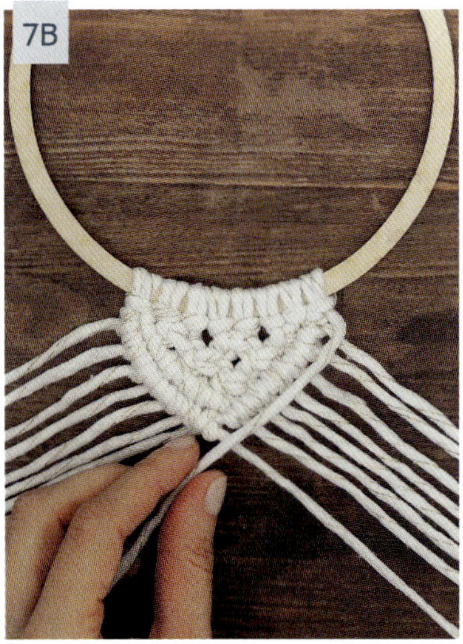

7B

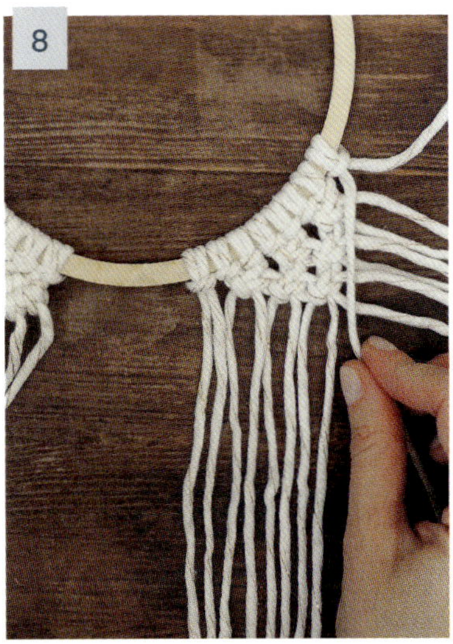

8

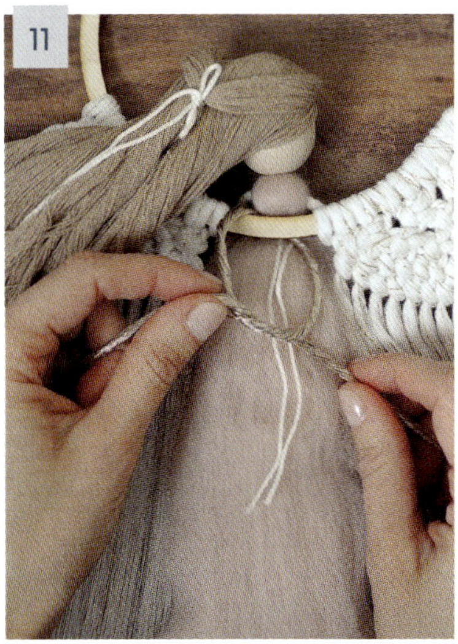

11

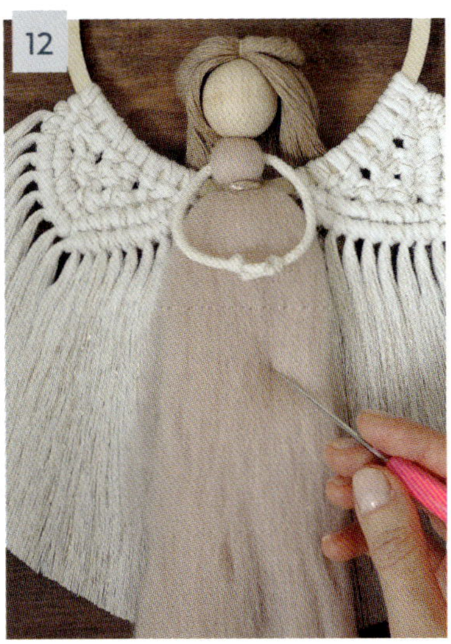

12

7. Eine weitere Reihe Rippenknoten knüpfen. Dazu Schritt 6 wiederholen. Diesmal den äußersten Strang als Trägerfaden nutzen.

8. Die Schritte 1–7 wiederholen, um einen zweiten Flügel zu knoten. Die Rippenknoten rechts, statt links beginnen. Dabei ca. 4 cm Abstand zwischen den Flügeln lassen.

9. Die Flügel auskämmen, zuschneiden und mit Haarspray fixieren.

10. Einen Engel ohne Flügel nach der Grundanleitung (S. 18/19) arbeiten. Statt Baumwollfäden Merinowolle für das Kleid verwenden. Die Merinowollfäden werden dabei auf dieselbe Art eingearbeitet wie Baumwollfäden. Ein paar vordere Haarsträhnen am Hinterkopf zusammenbinden.

11. Den Baumwollfaden in Metallic-Kupfer von vorne nach hinten um die Taille des Engels wickeln. Mit den Enden den Engel am Ring befestigen.

12. Mit der Filznadel die Fäden des Kleides glätten und in Form bringen. Den Baumwollfaden zum Aufhängen des Modells mit einem von vorne geknoteten Ankerknoten am Ring anbringen. Aus dem Spitzband eine Schleife binden und am Ring festkleben.

Diana und Sophia

MUTTER UND TOCHTER IM RING

MOTIVGRÖSSE

Gesamtmotiv: 25 cm (ohne Aufhängung); **großer Engel:** 19 cm; **kleiner Engel:** 9 cm

MATERIAL

Großer Engel:

- Baumwollschnur in Natur, ø 1 mm, 80 cm lang als Verbindungsschnur
- Holzperle, ø 3 cm
- 14 Baumwollfäden in Braun, einfach gezwirnt, ø 3 mm, 30 cm lang für die Haare
- 16 Baumwollfäden in (Gold-)Natur, einfach gezwirnt, ø 3 mm, 45 cm lang für das Kleid
- Baumwollfaden in Natur, geflochten, ø 3 mm, 25 cm lang für die Arme
- Baumwollfaden in (Gold-)Natur, einfach gezwirnt, ø 3 mm, 55 cm lang für die Flügel
- Baumwollschnur in Natur, ø 1 mm, 40 cm lang für die Taille
- Baumwollfaden in Weiß, einfach gezwirnt, ø 3 mm, 20 cm lang für das Haarband
- 8 Baumwollfaden in (Gold-)Natur, einfach gezwirnt, ø 3 mm, 60 cm lang für die Flügel

Kleiner Engel:

- Baumwollschnur in Natur, ø 1 mm, 60 cm lang als Verbindungsschnur
- Holzperle, ø 2,5 cm
- 10 Baumwollfaden in Hellbraun, einfach gezwirnt, ø 3 mm, 18 cm lang für die Haare
- 5 Baumwollfaden in Weiß, einfach gezwirnt, ø 5 mm, 20 cm lang für das Kleid
- Baumwollfaden in Natur, geflochten, ø 3 mm, 20 cm lang für die Arme
- Baumwollfaden in Natur, einfach gezwirnt, ø 3 mm, 23 cm lang für die Flügel
- 6 Baumwollfäden in Natur, einfach gezwirnt, ø 3 mm, 10 cm lang für die Flügel
- Baumwollschnur in Natur, ø 1 mm, 30 cm lang für die Taille
- Holzstern
- Holzring, ø 18 cm
- Nylonfaden, 70 cm lang
- Spitzband in Natur, 40 cm lang für die Schleife
- Tannenzweige

KNOTEN

- Ankerknoten
- Rippenknoten
- Wickelknoten

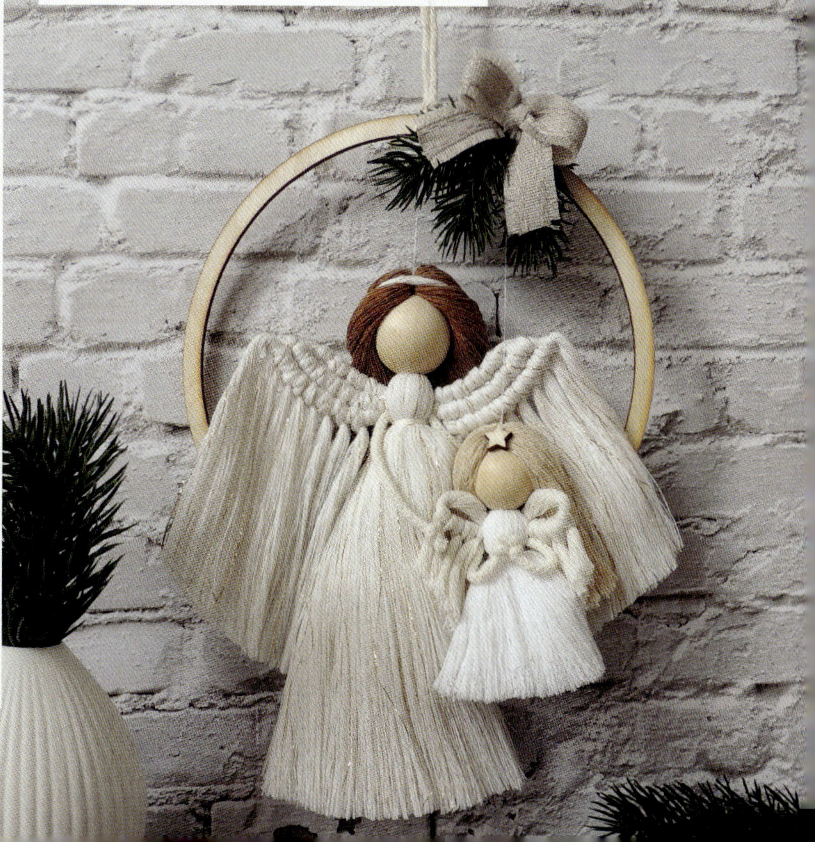

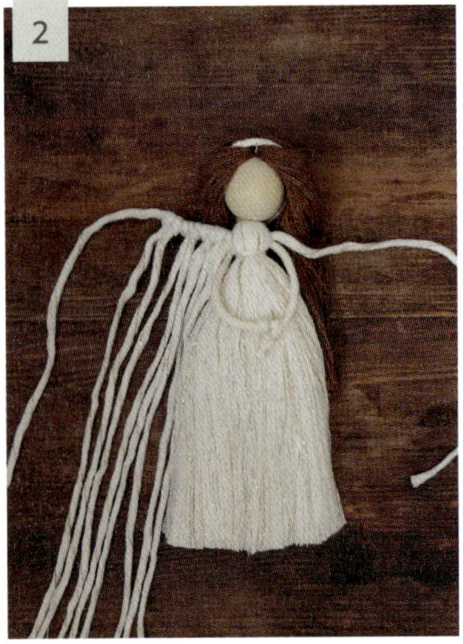

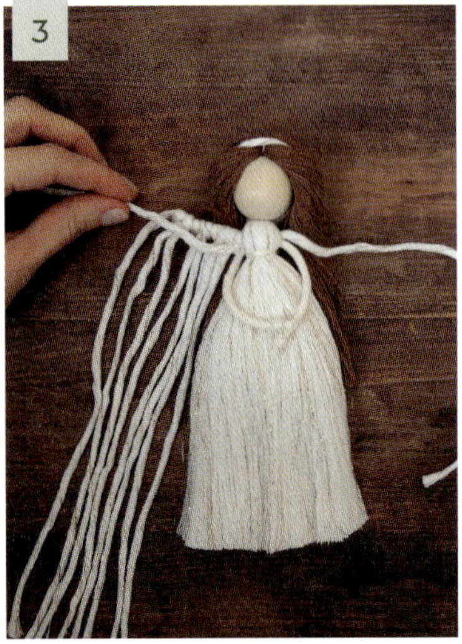

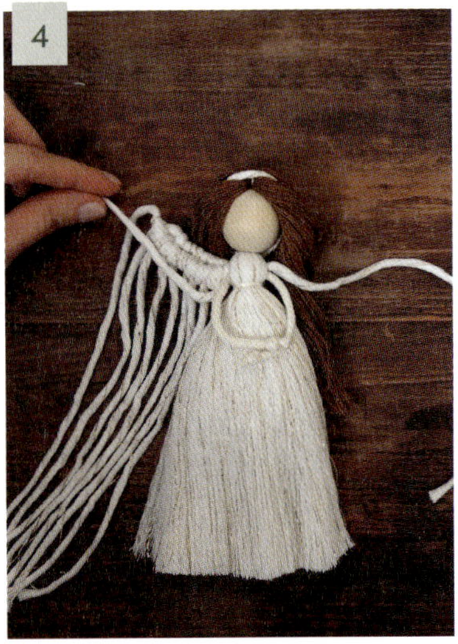

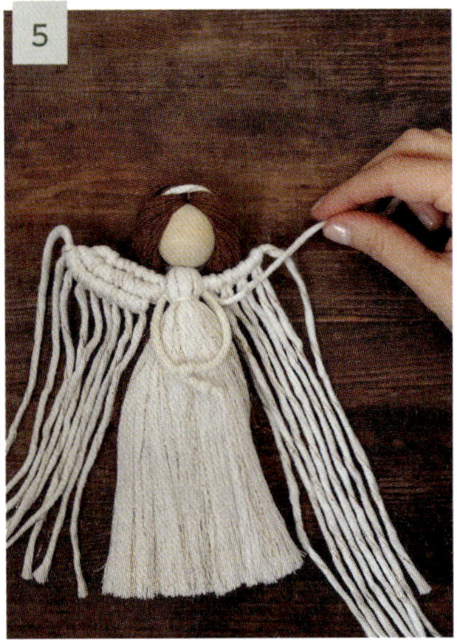

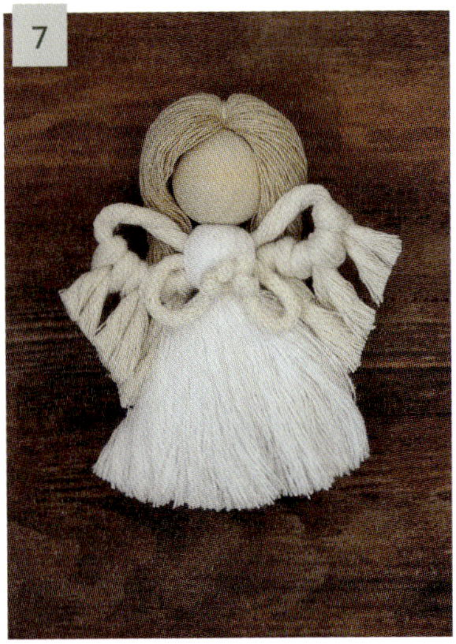

1. Zuerst den großen Engel arbeiten. Dazu Haare und Kleid nach der Grundanleitung (S. 18/19) vorbereiten. Mit den Armen den 55 cm langen Baumwollfaden für die Flügel zwischen die Hälften des Kleides legen und mit dem Wickelknoten die Taille binden. Einen Baumwollfaden als Haarband um den Kopf des Engels wickeln, am Hinterkopf verknoten und festkleben.

2. Für die Flügel mit dem von hinten geknoteten Ankerknoten vier 60 cm lange Baumwollfäden auf der linken Seite des Engels am dafür vorgesehenen Baumwollfaden anbringen.

3. Eine Reihe Rippenknoten arbeiten. Der erste Strang rechts dient als Trägerfaden.

4. Schritt 3 wiederholen. Erneut den ersten Strang von rechts als Trägerfaden nutzen.

5. Die Schritte 2–4 spiegelverkehrt für die rechte Flügelhälfte wiederholen.

6. Die Flügel auskämmen, zuschneiden und mit Haarspray fixieren.

7. Den kleinen Engel nach der Grundanleitung (S. 18/19) arbeiten. Für die Flügel den Baumwollfaden zur Acht legen und in der Mitte festbinden. Anschließend mit einem von hinten geknoteten Ankerknoten je drei 10 cm lange Baumwollfäden auf jeder Seite an der unteren Hälfte der Schlaufe befestigen. Die Enden kürzen, auskämmen und fixieren. Einen Holzstern auf dem Haaransatz des Engels festkleben.

8. Mit der Nylonschnur beide Engel am Ring festbinden.

9. Die Tannenzweige und eine Schleife aus Spitzband am Ring festkleben.

10. Zum Aufhängen des Modells einen Baumwollfaden mit einem Ankerknoten am Ring anbringen.

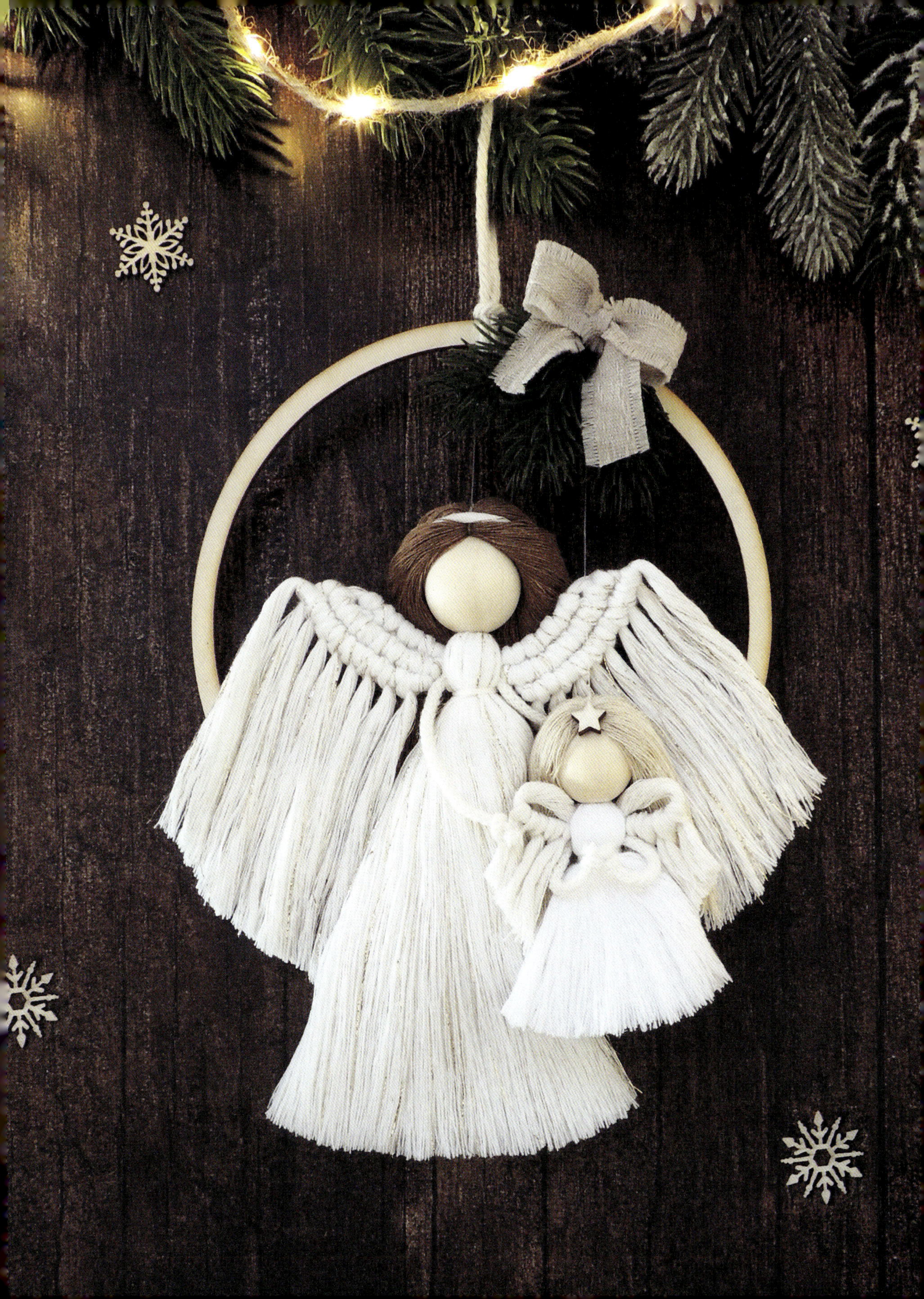

Maria
ENGEL MIT SCHMETTERLINGSFLÜGELN

MOTIVGRÖSSE

Gesamtmotiv: 38,5 cm (ohne Aufhängung); **Engel:** 36 cm

MATERIAL

- Ast, ø 1,5 cm, 23 cm lang
- Baumwollfaden in Natur, einfach gezwirnt, ø 3 mm, 250 cm lang für die Flügel
- 14 Baumwollfäden in Natur, einfach gezwirnt, ø 3 mm, 200 cm lang für die Flügel
- 20 Baumwollfäden in Natur, einfach gezwirnt, ø 3 mm, 28 cm lang für die Flügel
- 4 Baumwollfäden in Natur, einfach gezwirnt, ø 3 mm, 33 cm lang für die Flügel
- Baumwollschnur in Natur, ø 1 mm, 50 cm lang als Verbindungsschnur
- Holzperle, ø 3 cm
- Juteschnur, ø 1,5 mm, 20 cm lang zum Befestigen des Engels
- 7 Baumwollfäden in Braun, einfach gezwirnt, ø 4 mm, 40 cm lang für die Haare
- 8 Baumwollfäden in Weiß, einfach gezwirnt, ø 5 mm, 65 cm lang für das Kleid
- Baumwollfaden in Natur, geflochten, ø 3 mm, 25 cm lang für die Arme
- Baumwollschnur in Natur, ø 1 mm, 35 cm lang für die Taille
- Baumwollfaden in Weiß, einfach gezwirnt, ø 3 mm, 20 cm lang für das Haarband
- Spitzband in Rosa, 25 cm lang
- Holzherz
- Baumwollfaden in Natur, 3-fach gezwirnt, ø 3 mm, 60 cm lang zum Aufhängen
- (Flüssig-)Kleber
- Pappkarton, A4

KNOTEN

- Ankerknoten
- Rippenknoten
- Wickelknoten

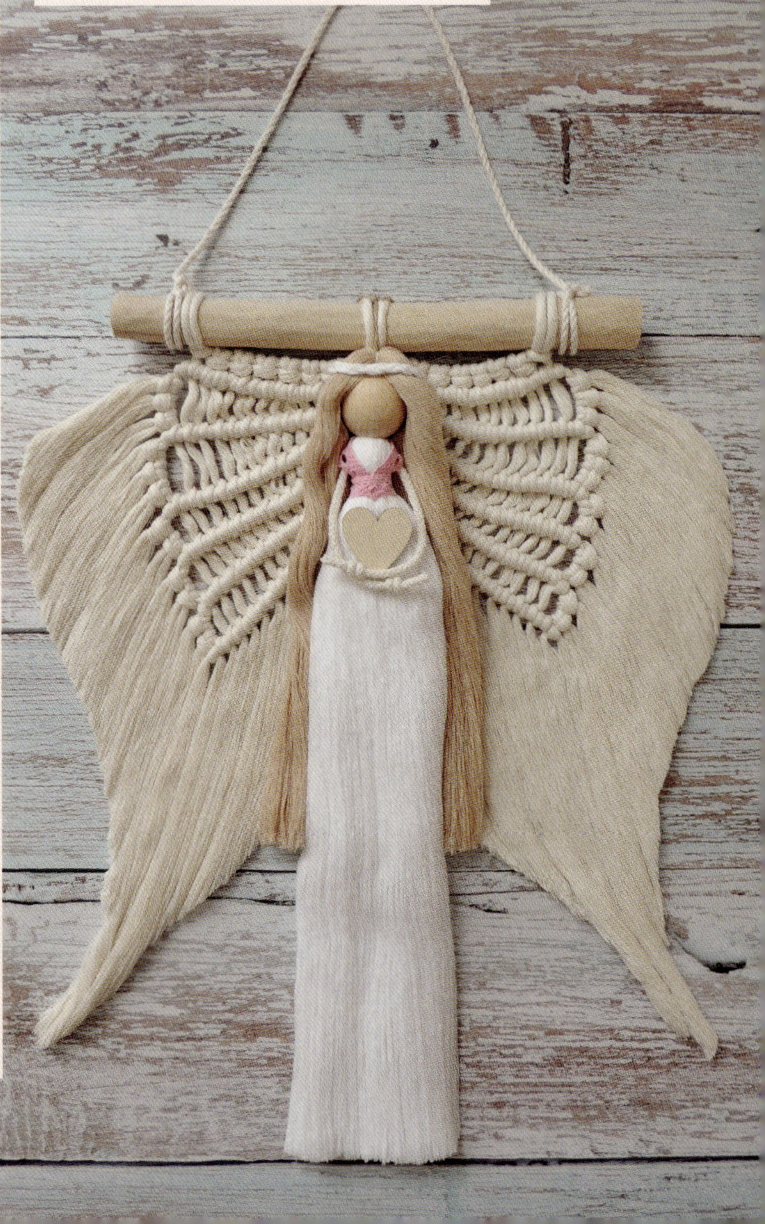

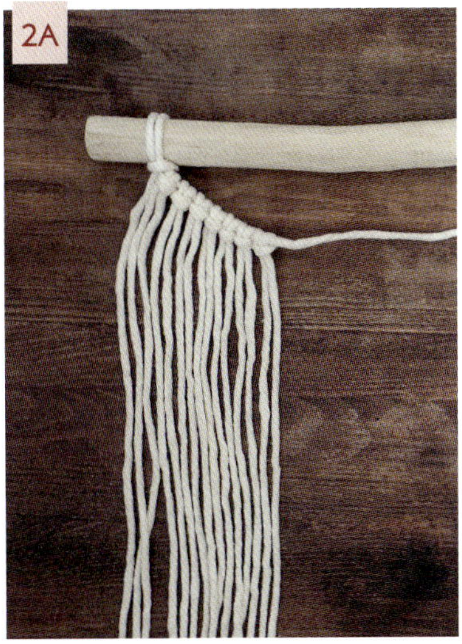

2A

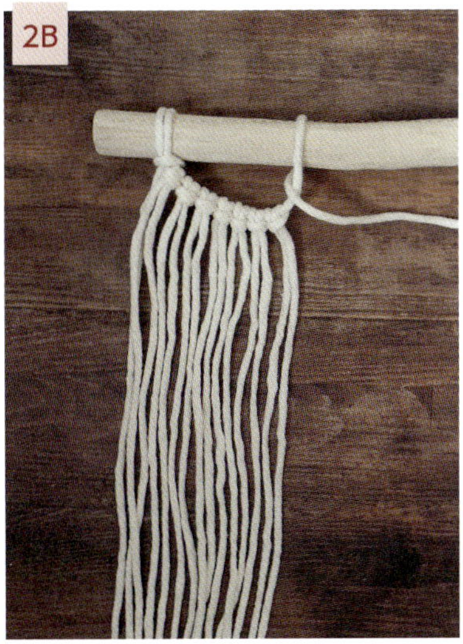

2B

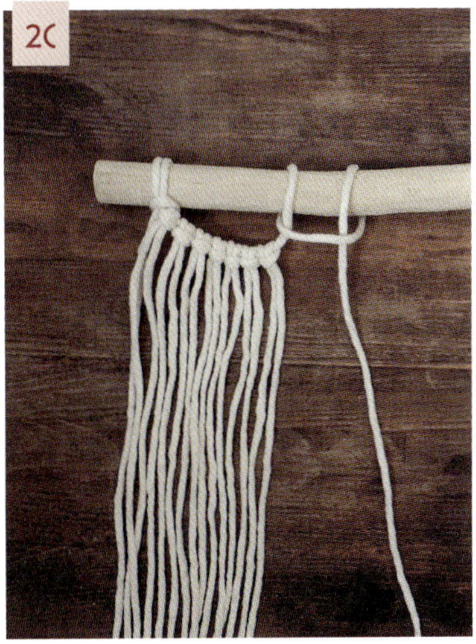

2C

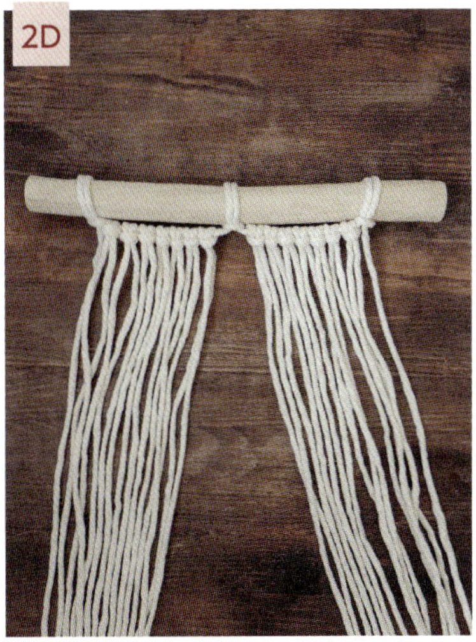

2D

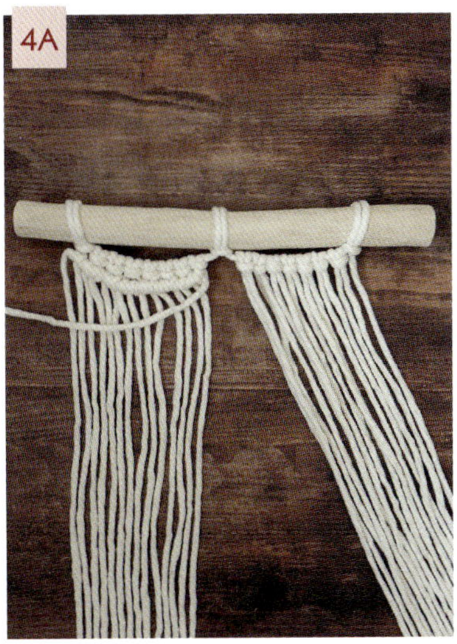

4A

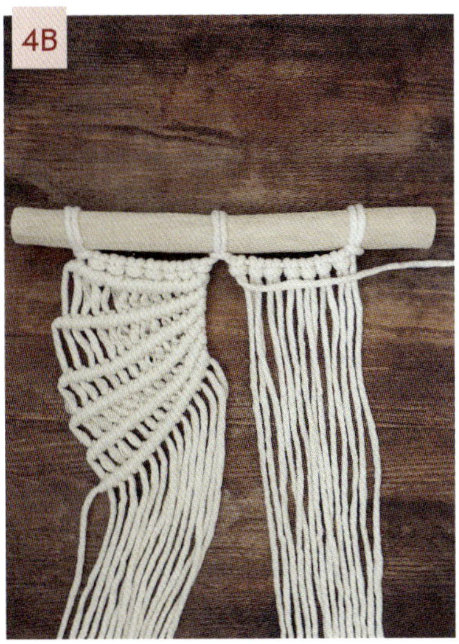

4B

1. Mit einem von vorne geknoteten Ankerknoten den 250 cm langen Baumwollfaden am linken Ende des Astes befestigen. Der rechte Strang des angebundenen Baumwollfadens sollte ca. 20 cm länger sein als der linke.

2. Am rechten Strang des Baumwollfadens sieben 200 cm lange Baumwollfäden mit einem von vorne geknoteten Ankerknoten anbringen. Anschließend den Baumwollfaden in der Mitte des Stabes von vorne um den Holzstab legen. Den Faden auf der linken Seite wieder nach vorne holen, über den Faden hinweg führen und erneut von hinten um den Holzstab legen. Das Ende auf der linken Seite durch die Schlaufe zwischen den beiden Schlingen hindurchziehen, sodass ein von vorne geknoteter Ankerknoten entsteht. Sieben weitere 200 cm lange Baumwollfäden am rechten Strang mit einem von vorne geknoteten Ankerknoten befestigen. Das Ende des Baumwollfadens erneut mit einem von vorne geknoteten Ankerknoten um den Ast wickeln.

3. Auf der linken Flügelseite eine Reihe Rippenknoten in einem Bogen arbeiten. Der äußerste rechte Strang dient als Trägerfaden.

4. Eine zweite Reihe Rippenknoten arbeiten. Dabei den Abstand zur vorherigen Rippenknoten-Reihe von rechts nach links hin immer weiter vergrößern. Der Abstand zwischen den Bogen sollte am linken Rand ca. 3 cm messen. Einen weiteren Bogen arbeiten. Der Abstand zum oberen Bogen beträgt wieder ca. 3 cm. Drei weitere Bögen mit einem Abstand von 2 cm arbeiten.

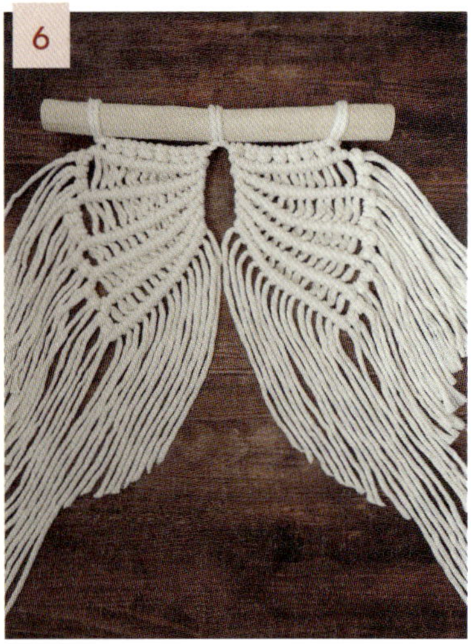

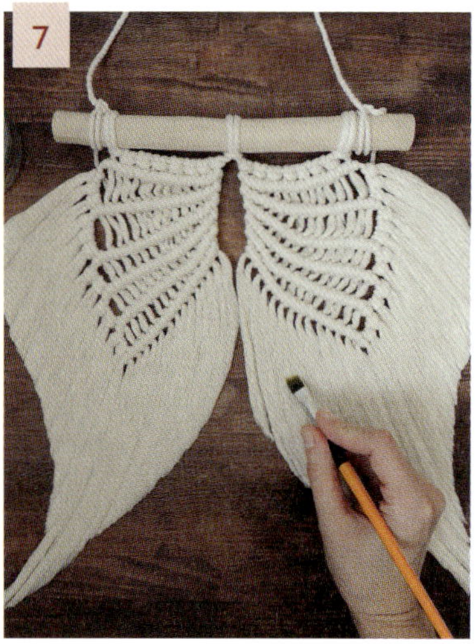

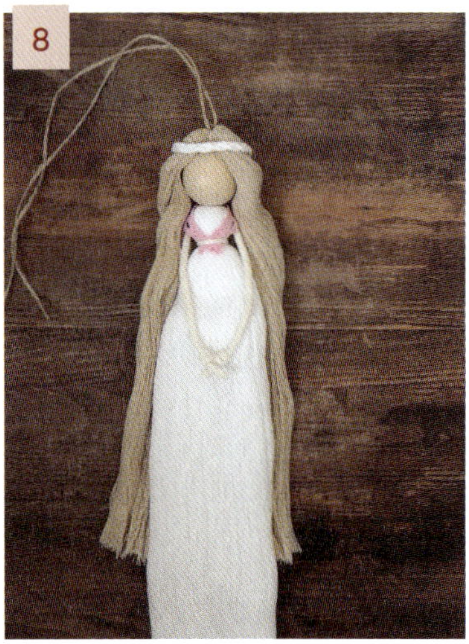

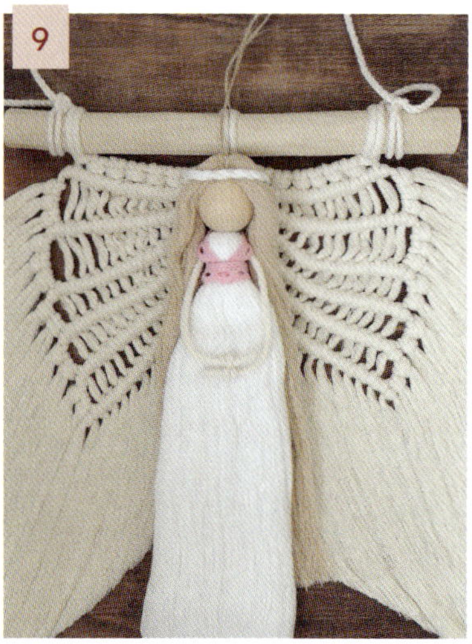

5. Für die rechte Flügelhälfte die Schritte 3–4 spiegelverkehrt wiederholen.

6. Mit einem von vorne geknoteten Ankerknoten je zehn 28 cm lange Baumwollfäden an den Außenseiten der Flügelhälften anbringen. Drei Baumwollfäden in den Bogen zwischen der ersten und zweiten sowie der zweiten und dritten Rippenknotenreihe festknoten. In jeden weiteren Bogen je zwei Baumwollfäden knoten. In den letzten Bogen je zwei 33 cm lange Baumwollfäden knoten.

7. Die Flügel auskämmen, mit Haarspray fixieren und in Form schneiden. Für einen besseren Halt eine verdünnte Mischung aus einem Teil Flüssigkleber und zwei Teilen Wasser auf die Flügelseiten pinseln. Die Flügel dafür auf einen Pappkarton legen.

8. Einen Engel ohne Flügel nach der Grundanleitung (S. 18/19) anfertigen. Am Kopf des Engels eine Juteschnur anbringen, mit der der Engel am Ast befestigt wird. Den Baumwollfaden für das Haarband in drei Fäden teilen, flechten, um den Kopf des Engels legen, am Hinterkopf verknoten und festkleben. Den Oberkörper des Engels mit Spitzband verzieren. Dazu das Band hinten mittig unter dem Kopf platzieren, nach vorne führen, kreuzen und mit einem Wickelknoten befestigen. Ein zweites Stück Band von vorne um die Taille legen und die Enden hinten verkleben. Das Holzherz an der gewünschten Position festkleben.

9. Den Engel in der Mitte der Flügel eng am Holzstab festbinden. Den Faden zum Aufhängen des Models mit einem Knoten auf beiden Seiten des Stabes festknoten.

Sonja
ENGELSFLÜGEL MIT RILLENMUSTER

MOTIVGRÖSSE

Gesamtmotiv: 38 cm (ohne Aufhängung);
Engel: 35 cm

MATERIAL

- Holzstab, ø 2 cm, 19 cm lang
- 2 Baumwollfäden in (Gold-)Sand, einfach gezwirnt, ø 3 mm, 180 cm lang für die Flügel
- 14 Baumwollfäden in (Gold-)Sand, einfach gezwirnt, ø 3 mm, 150 cm lang für die Flügel
- 20 Baumwollfäden in (Gold-)Sand, einfach gezwirnt, ø 3 mm, 23 cm lang für die Flügel
- Baumwollschnur in Natur, ø 1 mm, 40 cm lang als Verbindungsschnur
- Holzperle, ø 3 mm
- Juteschnur, ø 1,5 mm, 20 cm lang zum Befestigen des Engels
- 7 Baumwollfäden in Natur, einfach gezwirnt, ø 5 mm, 45 cm lang für die Haare
- 16 Baumwollfäden in (Gold-)Sand, einfach gezwirnt, ø 3 mm, 75 cm lang für das Kleid
- Baumwollfaden in Natur, geflochten, ø 3 mm, 30 cm lang für die Arme
- Baumwollschnur in Natur, geflochten, ø 3 mm, 25 cm lang für die Taille
- 2 Baumwollfäden in (Gold-)Sand, einfach gezwirnt, ø 1,5 mm, 35 cm lang für das Haarband und den Gürtel
- Trockenblumen
- Baumwollfaden in (Gold-)Sand, einfach gezwirnt, ø 3 mm, 80 cm lang zum Aufhängen

KNOTEN

- Ankerknoten
- Rippenknoten
- Wickelknoten

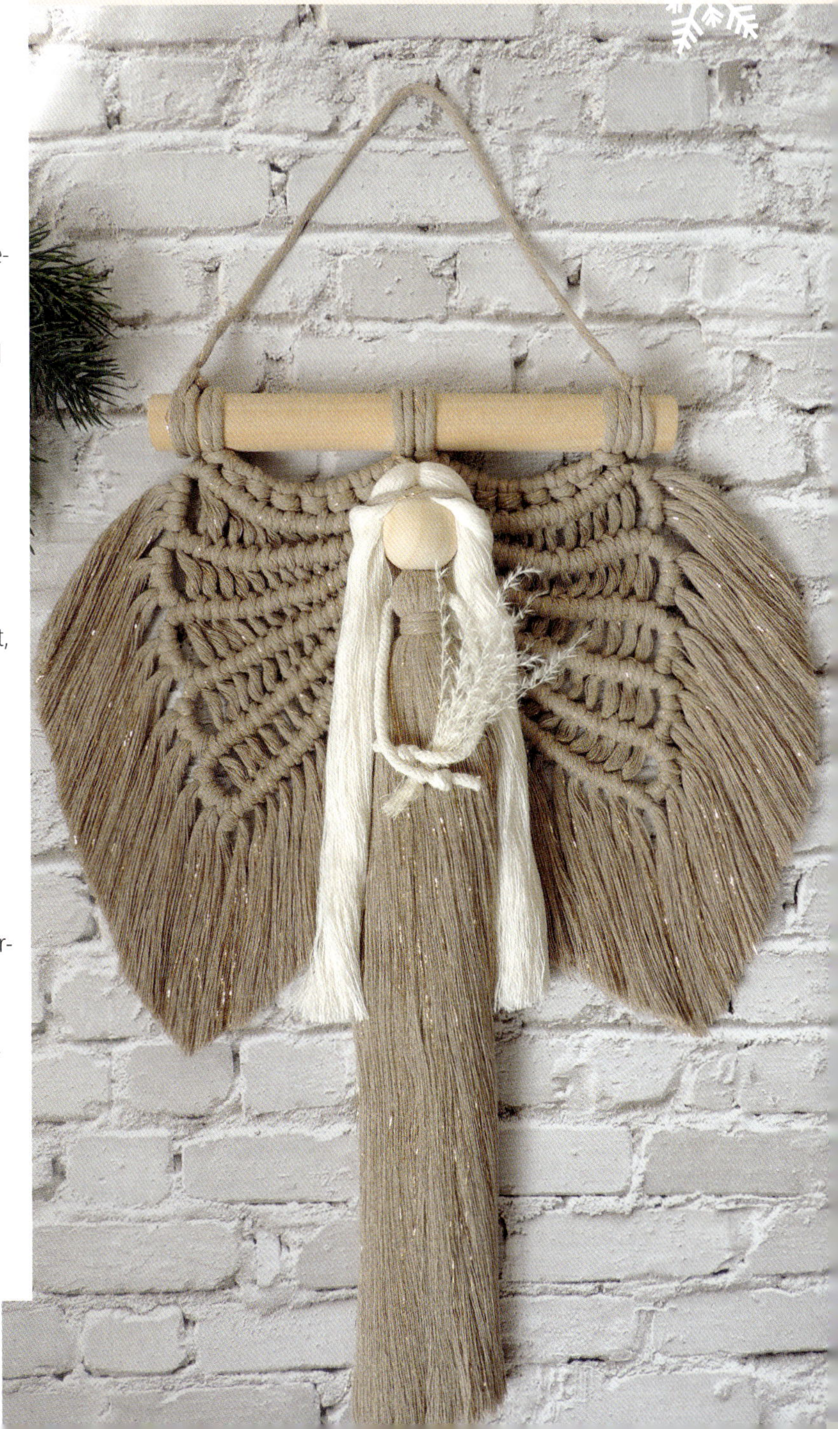

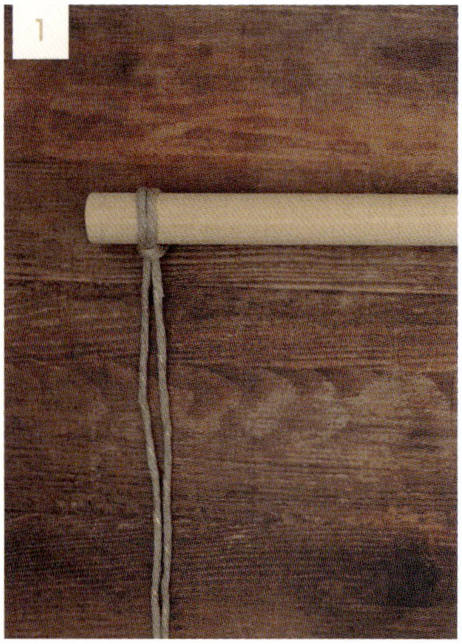

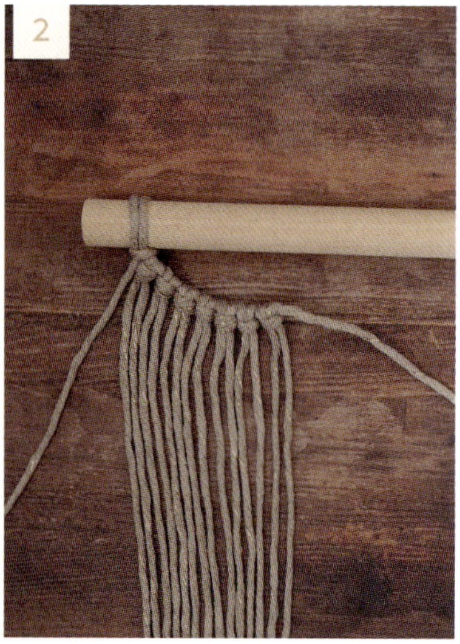

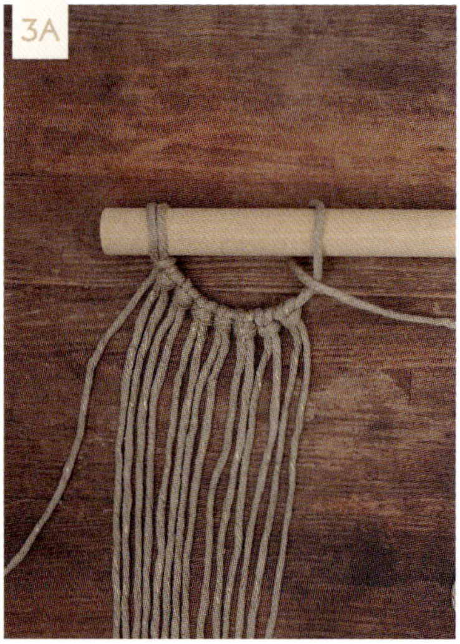

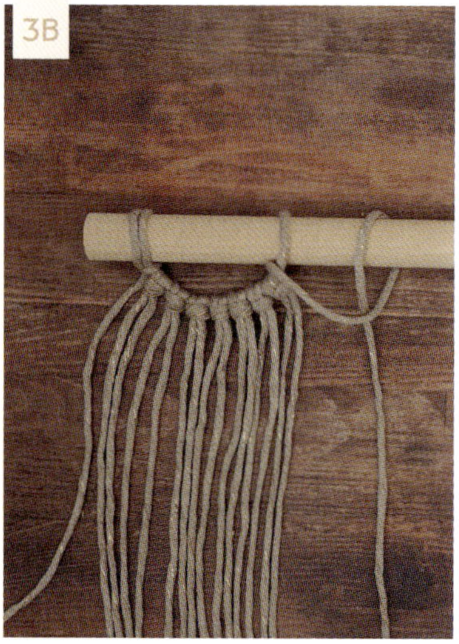

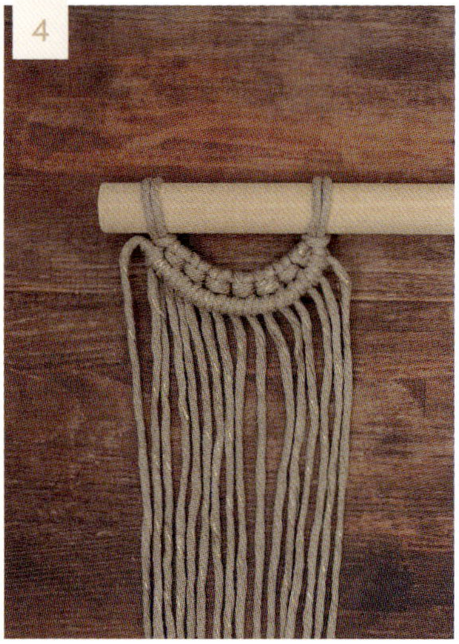

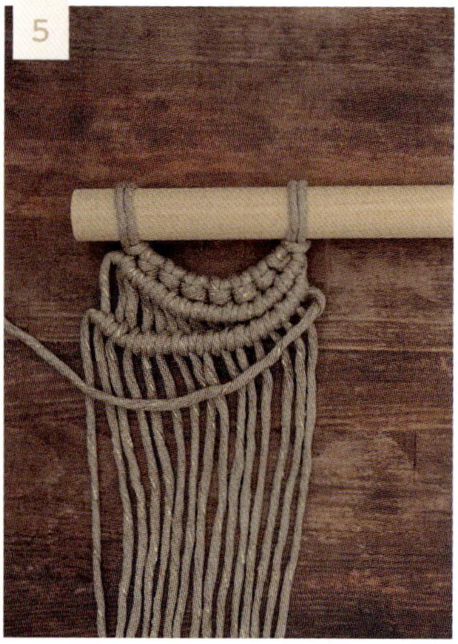

1. Für den linken Flügel einen 180 cm langen Baumwollfaden mit einem von vorne geknoteten Ankerknoten am linken Rand des Holzstabs befestigen. Das linke Ende sollte ca. 75 cm lang sein.

2. Den rechten Strang als Trägerfaden nutzen und sieben 150 cm lange Baumwollfäden mit einem von vorne geknoteten Ankerknoten daran befestigen.

3. Den Trägerfaden mit einem von vorne geknoteten Ankerknoten am Holzstab befestigen. Dazu den Baumwollfaden in der Mitte des Stabes von vorne um den Holzstab legen. Den Faden auf der linken Seite wieder nach vorne holen, über den Faden hinweg führen und erneut von hinten um den Holzstab legen. Das Ende auf der linken Seite durch die Schlaufe zwischen den beiden Schlingen durchziehen. Dabei sollte der Flügel eine Bogenform erhalten.

4. Den äußersten rechten Strang als Trägerfaden nehmen und mit den restlichen 15 Strängen je einen Rippenknoten darum arbeiten.

5. Schritt 4 wiederholen und eine weitere Reihe Rippenknoten fertigen. Dabei zur linken Seite hin den Abstand zwischen den Rippenknotenreihen vergrößern.

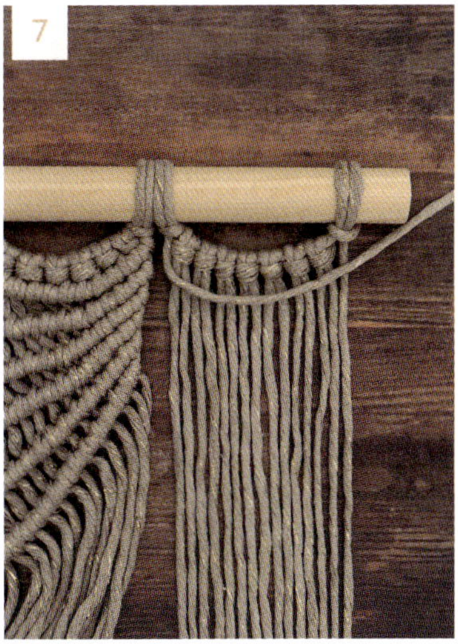

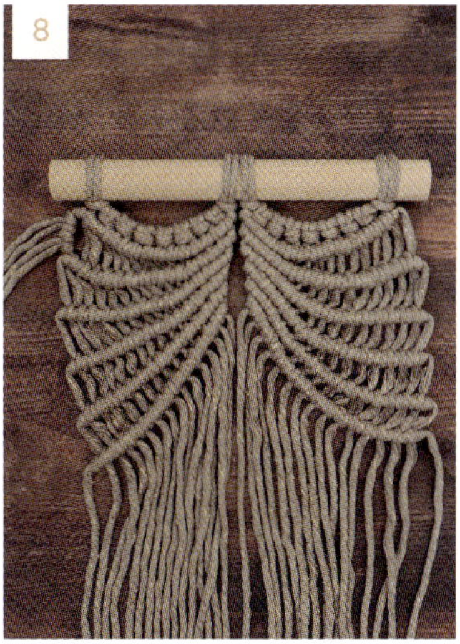

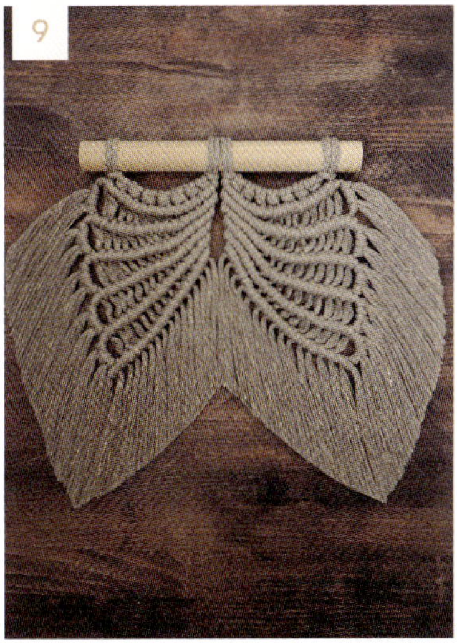

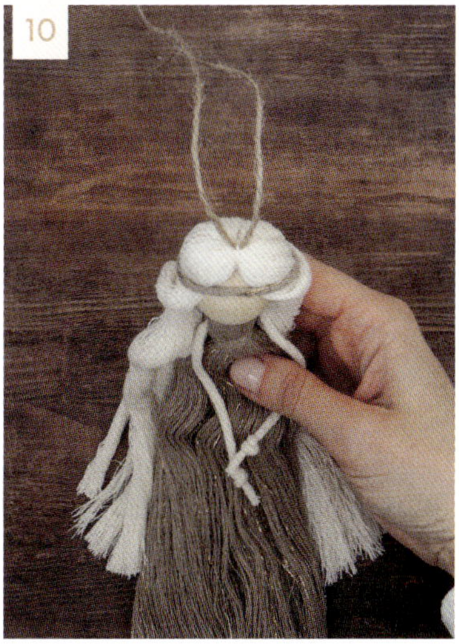

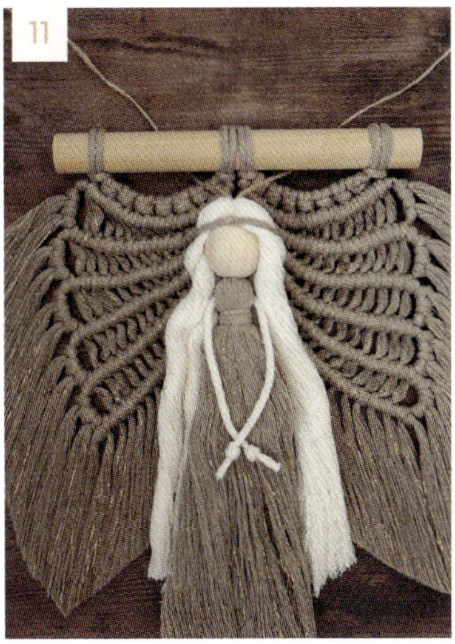

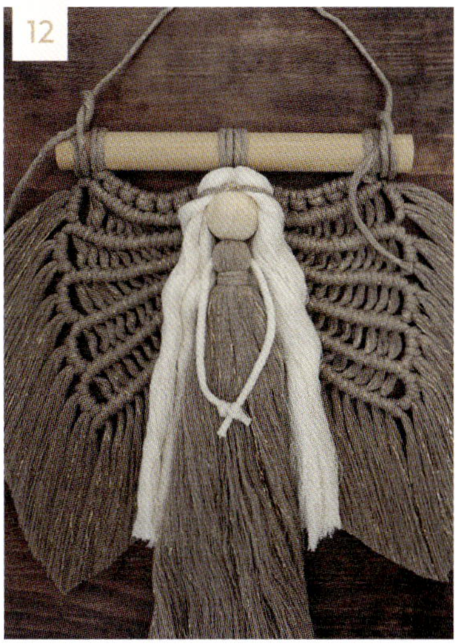

6. Schritt 5 wiederholen, bis insgesamt sechs Rippenknoten-Reihen entstanden sind.

7. Die Schritte 1–6 für den rechten Flügel spiegelverkehrt wiederholen. Der äußerste Faden auf der linken Seite dient dabei als Trägerfaden für die Rippenknoten-Reihen.

8. Die 23 cm langen Baumwollfäden mit einem von hinten geknoteten Ankerknoten an der Außenseite der Flügel befestigen. Bei jedem Flügel je zwei Fäden zwischen den Rippenknotenreihen anbringen.

TIPP: Für die kurzen Baumwollfäden können Reste verwendet werden.

9. Die Fadenenden der Flügel auf ca. 8–9 cm Länge zuschneiden, auskämmen und mit Haarspray fixieren. Die Flügel so zuschneiden dass zwei schöne Blattformen entstehen.

10. Einen Engel ohne Flügel nach der Grundanleitung (S. 18/19) anfertigen. Zum Anbringen des Engels eine 20 cm lange Juteschnur mit den Haaren am Kopf des Engels befestigen. Für das Haarband den Baumwollfaden um die Haare legen, auf der Rückseite verknoten und festkleben. Den Gürtel mit einem Wickelknoten um die Taille binden. Einen Strauß Trockenblumen in den Armen des Engels platzieren und festkleben.

11. Den Engel mit der eingearbeiteten Juteschnur am Kopf kurz unterhalb des Holzstabes mit einem Doppelknoten anbringen.

12. Zum Aufhängen den 80 cm langen Baumwollfaden an beiden Enden des Holzstabes mit einem Doppelknoten festbinden.

Victoria
STEHENDER ENGEL

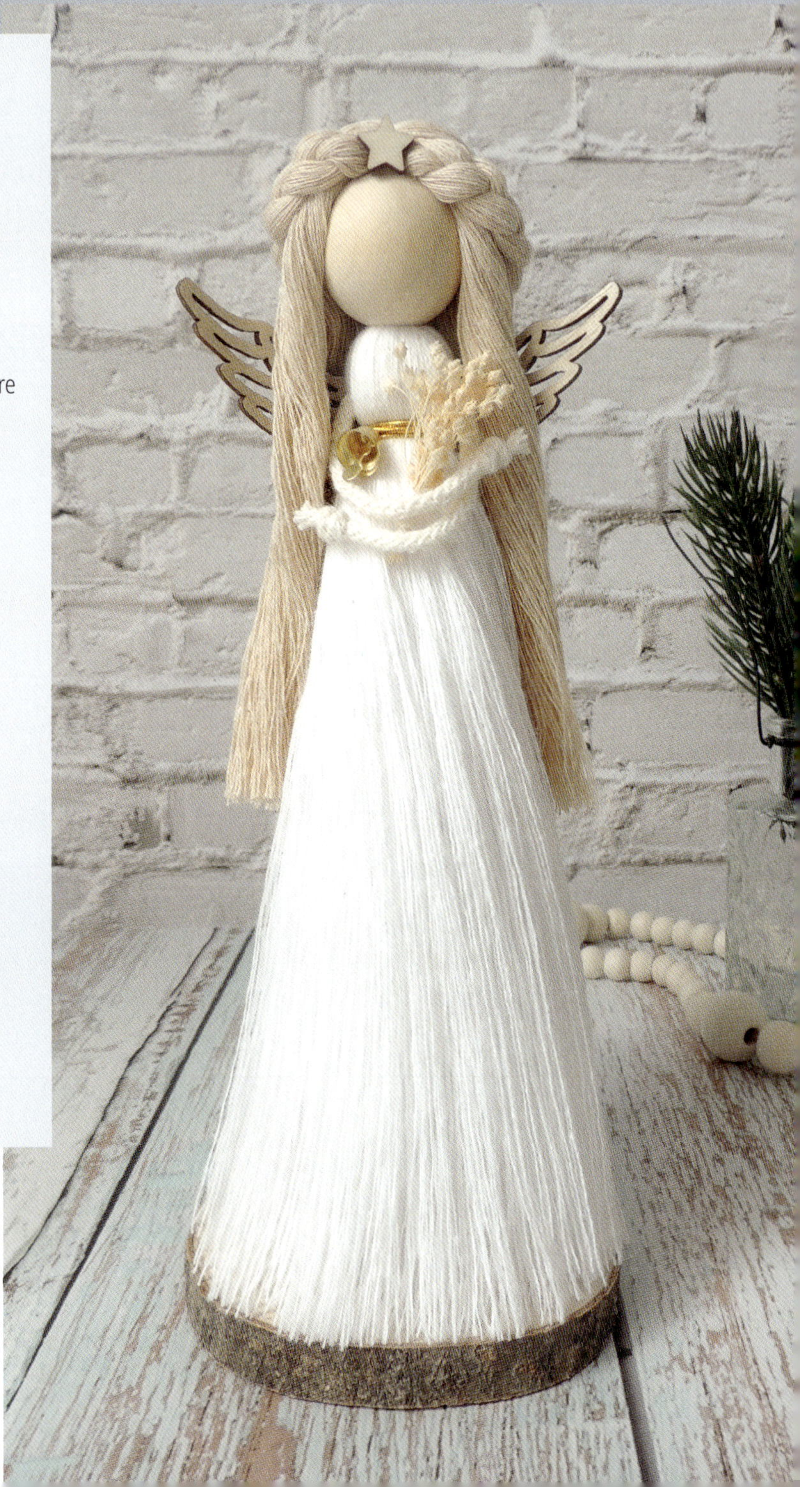

MOTIVGRÖSSE
Gesamtgröße: 23 cm ; **Engel:** 23 cm

MATERIAL
- Baumwollschnur in Natur, ø 1 mm, 45 cm lang als Verbindungsschnur
- Holzperle, ø 3 cm
- 14 Baumwollfäden in Hellbraun, einfach gezwirnt, ø 3 mm, 30 cm lang für die Haare
- 8 Baumwollfäden in Weiß, einfach gezwirnt, ø 5 mm, 40 cm lang für das Kleid
- Baumwollfaden in Natur, geflochten, ø 3 mm, 25 cm lang für die Arme
- Holzstäbchen, 19 cm lang
- Baumwollschnur in Natur, ø 1 mm, 25 cm lang für die Taille
- Dünne Schnur in Weiß, 20 cm lang für die Haare
- Schnur in Gold, ø 2 mm, 30 cm lang für den Gürtel
- Glöckchen in Gold
- Holzscheibe, ø 9 cm, 1 cm dick
- Holzstern
- 2 Holzflügel, 5,5 cm
- Trockenblumen
- Holzbohrer

KNOTEN
- Wickelknoten

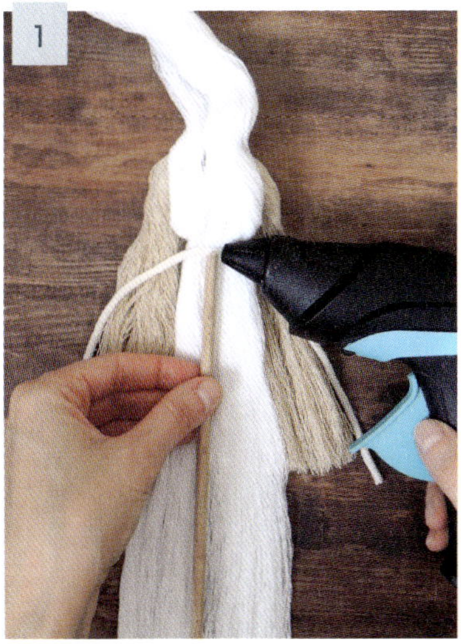

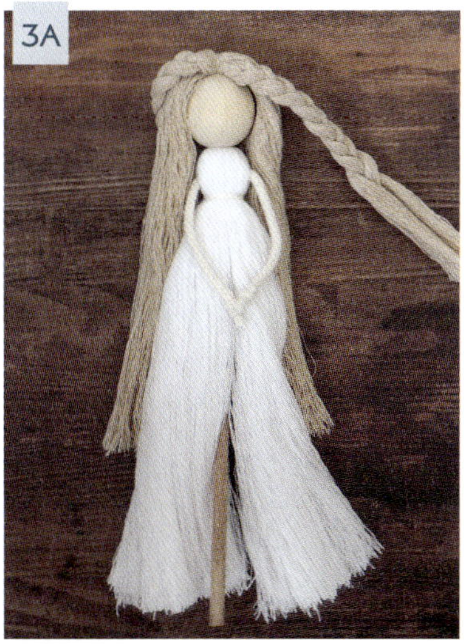

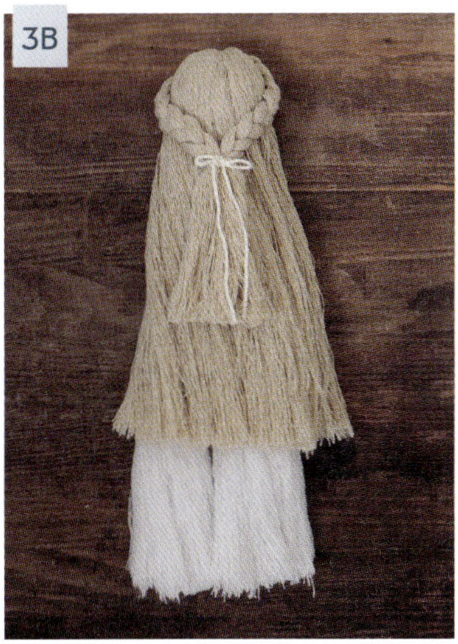

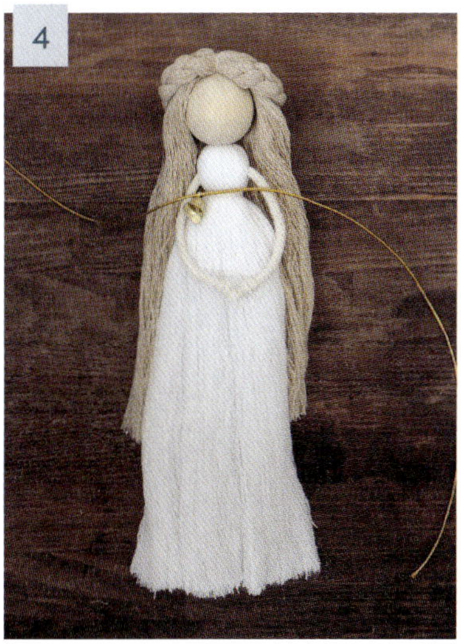

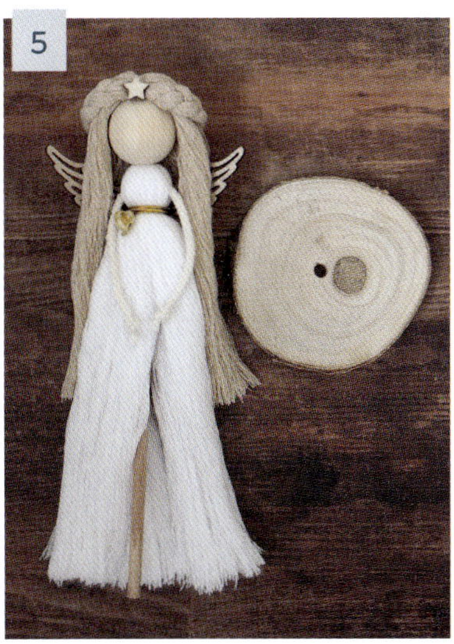

1. Einen Engel ohne Flügel nach der Grundanleitung (S. 18/19) anfertigen. Bevor die Taille gewickelt wird, mit der Heißklebepistole den Holzstab in der Mitte des Engels befestigen.

2. Mit einem Wickelknoten die Taille binden.

3. Auf beiden Seiten aus einigen vorderen Haarsträhnen einen Zopf flechten und die Zöpfe am Hinterkopf mit der dünnen Schnur zusammenbinden.

4. Die Glocke auf die goldene Schnur fädeln. Die Schnur als Gürtel um die Taille des Engels wickeln, auf der Rückseite verknoten und die Enden abschneiden.

5. Mit einem Holzbohrer ein Loch in die Holzscheibe bohren, sodass der Holzstab hindurch passt. Den Holzstab in das Loch der Scheibe stecken und für mehr Stabilität mit etwas Heißkleber festkleben.

6. Das Kleid des Engels zuschneiden, kämmen und mit Haarspray fixieren. Einen kleinen Holzstern auf die Stirn des Engels und die Holzflügel auf der Rückseite ankleben. Einen Strauß aus Trockenblumen binden, platzieren und festkleben.

Aurora
GEFÄHRTIN MIT HERZ

MOTIVGRÖSSE

Gesamtgröße: 36 cm (mit Aufhängung);
Engel: 22 cm

MATERIAL

- Metallring, ø 11 cm
- Baumwollfaden in Natur, einfach gezwirnt, ø 1 mm, 150 cm lang zum Umwickeln des Halbrings
- 40 Baumwollfäden in Natur, einfach gezwirnt, ø 3 mm, 20 cm lang für die Flügel
- Baumwollfaden, 3-fach gezwirnt, ø 1,5 mm, 60 cm lang zum Aufhängen
- Baumwollschnur in Natur, ø 1 mm, 50 cm lang als Verbindungsschnur
- Holzperle, ø 3 cm
- 8 Baumwollfäden in Hellbraun, einfach gezwirnt, ø 5 mm, 25 cm lang für die Haare
- 8 Baumwollfäden in Natur, einfach gezwirnt, ø 5 mm, 40 cm lang für das Kleid
- Baumwollfaden in Natur, geflochten, ø 3 mm, 25 cm lang für die Arme
- Baumwollschnur in Natur, ø 1 mm, 30 cm lang für die Taille
- Baumwollfaden in Metallic-Kupfer, einfach gezwirnt, ø 3 mm, 30 cm lang für das Haarband
- Baumwollfaden in Metallic-Kupfer, einfach gezwirnt, ø 1,5 mm, 40 cm lang für den Gürtel
- Holzherz
- Seitenschneider

KNOTEN

- Wickelknoten

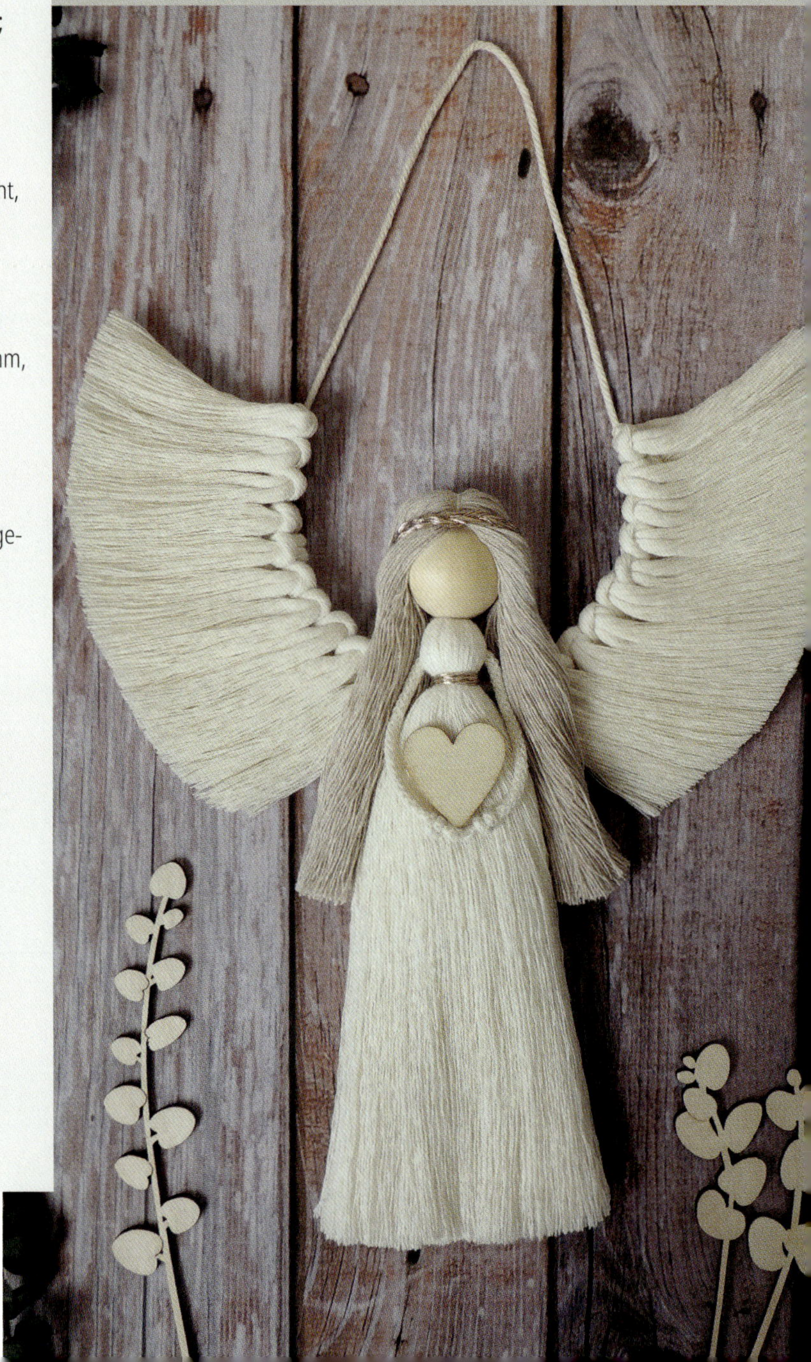

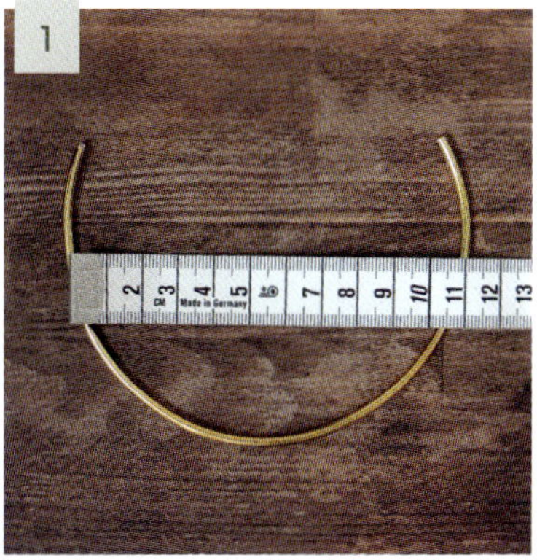

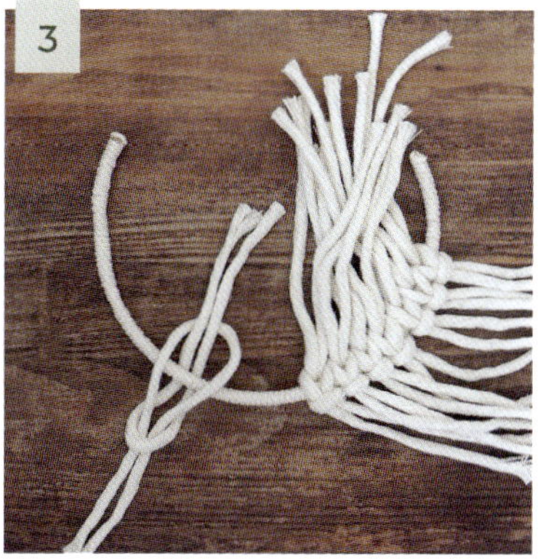

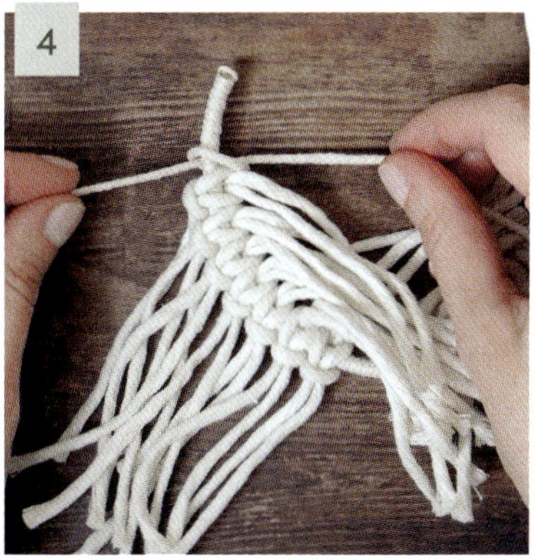

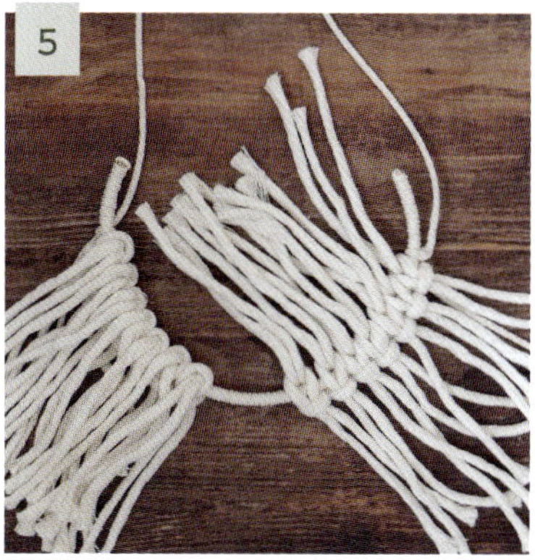

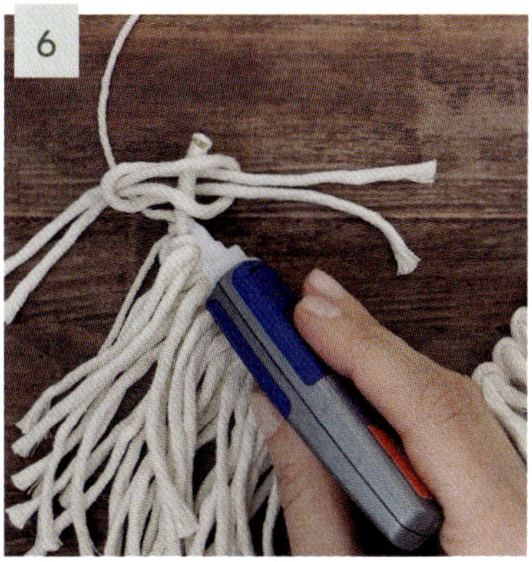

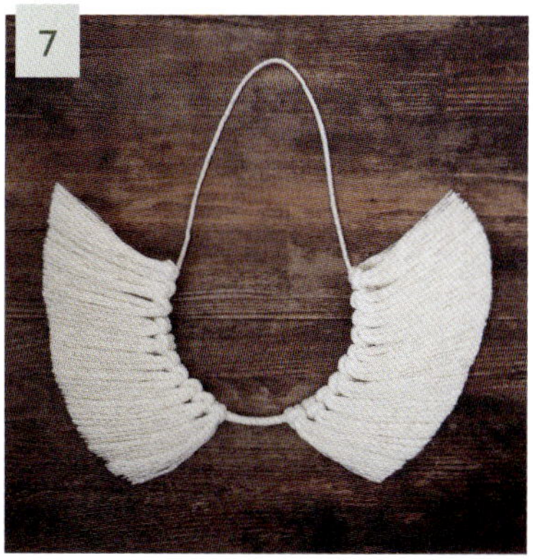

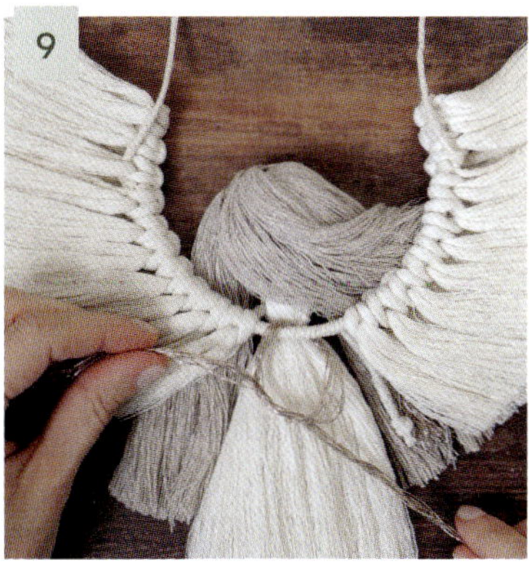

1. Den Metallring mit dem Seitenschneider so zuschneiden, dass ein halber Ring entsteht, der ca. 11 cm breit und 8 cm hoch ist.

2. Den Halbring mit dem Baumwollfaden umwickeln.

3. Für die Flügel je 14 Baumwollfäden rechts und links am Halbring anbringen. In der Mitte des Rings beginnen und ca. 4 cm zwischen den Flügeln freilassen. Dazu zwei Fäden zur Schlaufe legen. Einen unter den Ring schieben und einen darauf legen. Die offenen Enden des unteren Fadens durch die Schlaufe des oberen Fadens und die offenen Enden des oberen Fadens durch die Schlaufe des unteren Fadens führen und festziehen.

4. Oberhalb der Flügel den Baumwollfaden zum Aufhängen festknoten.

5. Alle Fadenenden auf die äußere Seite des Rings legen.

6. Auf jeder Seite sechs weitere Baumwollfäden am oberen Ende des Rings anbringen. Dabei den Aufhängefaden einarbeiten. Die Fadenenden nach außen legen und die Knoten mit etwas Kleber fixieren.

7. Die Flügel auskämmen, zuschneiden und mit Haarspray fixieren.

8. Nach der Grundanleitung (S.18/19) einen Engel ohne Flügel anfertigen. Einen Baumwollfaden in Metallic-Kupfer als Haarband um den Kopf des Engels binden.

9. Einen Baumwollfaden in Metallic-Kupfer um die Taille des Engels wickeln, auf der Rückseite verknoten und damit den Engel zwischen den Flügeln am Ring festknoten.

10. Die Haare auskämmen und mit Haarspray fixieren. Das Holzherz in der gewünschten Position festkleben.

Maya
SCHUTZENGEL ZUM AUFSTELLEN

MOTIVGRÖSSE

Gesamtgröße: 16 cm x 18 cm;
Engel: 17 cm

MATERIAL

- Holzring, ø 14,5 cm
- Baumwollfaden in Natur, 3-fach gezwirnt, ø 4 mm, ca. 380 cm lang zum Umwickeln des Ringes
- Hölzerner Untersatz, 10 cm x 5 cm x 3 cm
- Baumwollfaden in Natur, ø 1 mm, 45 cm lang als Verbindungsschnur
- Holzperle, ø 3 cm
- 8 Baumwollfäden in Natur, einfach gezwirnt, ø 5 mm, 23 cm lang für die Haare
- 16 Baumwollfäden in Braun, einfach gezwirnt, ø 3 mm, 25 cm lang für das Kleid
- Baumwollfaden in Natur, geflochten, ø 3 mm, 20 cm lang für die Arme
- Baumwollfaden in Natur, geflochten, ø 3 mm, 40 cm lang für die Beine
- Baumwollfaden in Natur, ø 1 mm, 35 cm lang für die Taille
- 2 Holzflügel, 5,5 cm
- 2 Baumwollfäden in Metallic-Kupfer, ø 3 mm, 30 cm lang für Haarband und Gürtel
- Nylonschnur, 20 cm lang zur Befestigung am Ring
- Trockenblumen
- Spitzband in Natur, 40 cm lang für die Schleife

KNOTEN

- Wickelknoten

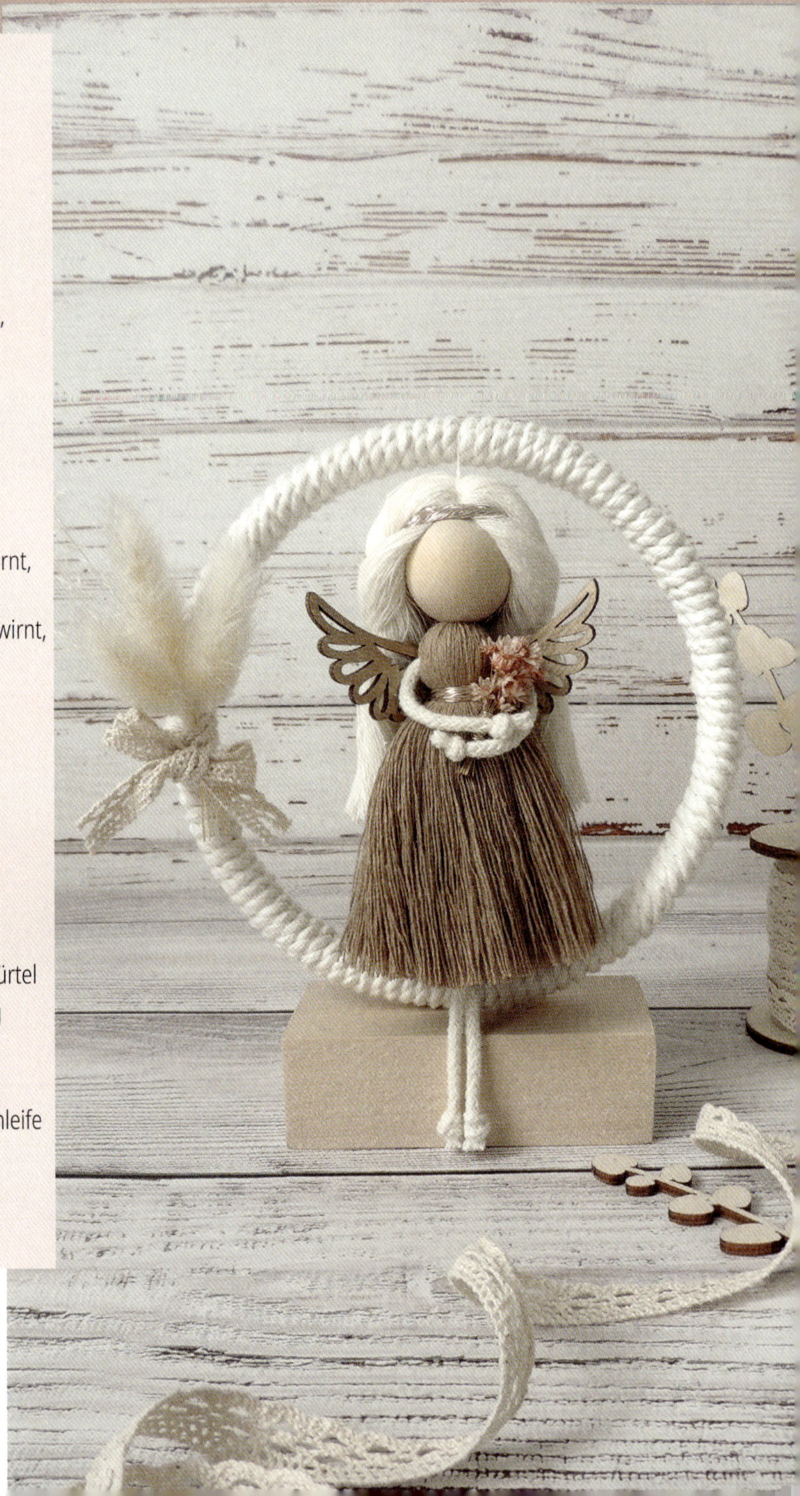

1

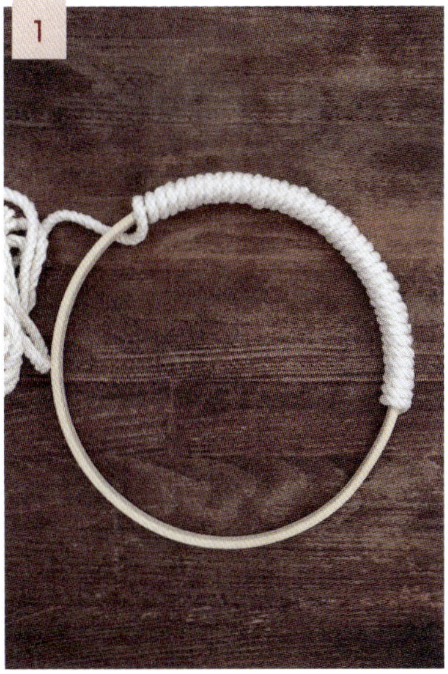

2

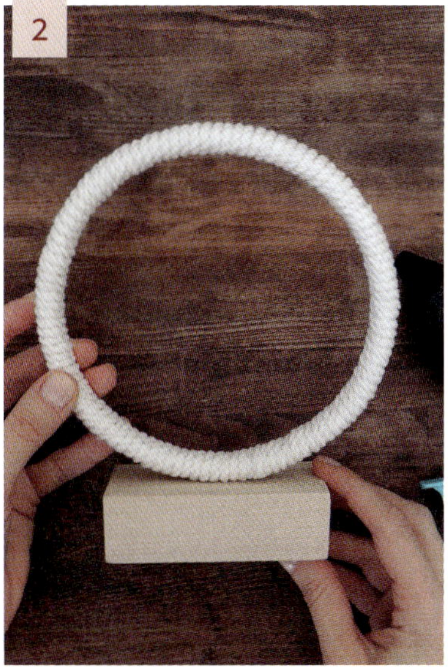

5

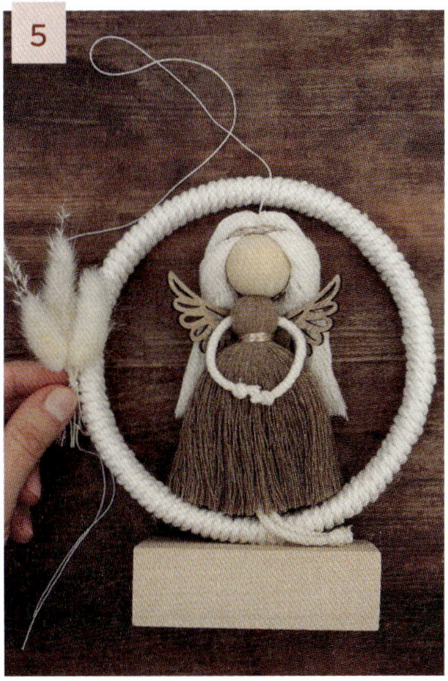

1. Den Ring mit dem Baumwollfaden umwickeln.

2. Den umgewickelten Ring mit Heißkleber am hölzernen Untersatz befestigen.

3. Einen Engel ohne Flügel nach der Grundanleitung (S. 18/19) anfertigen. Die Holzflügel auf der Rückseite ankleben.

4. Für das Haarband den Baumwollfaden in Metallic-Kupfer in drei Fäden teilen und zu einem Zopf flechten. Das Haarband um den Kopf des Engels arrangieren und festkleben. Den zweiten Baumwollfaden in Metallic-Kupfer um die Taille des Engels wickeln, auf der Rückseite verknoten und festkleben. Einen Strauß Trockenblumen in den Armen des Engels arrangieren und festkleben.

5. Den Engel mit der Nylonschnur am Ring festknoten. Die Trockenblumen zu einem kleinen Strauß binden und diesen mit einer Schleife aus Spitzband seitlich am Ring anbringen.

Dorothea

ENGEL IM BILDERRAHMEN

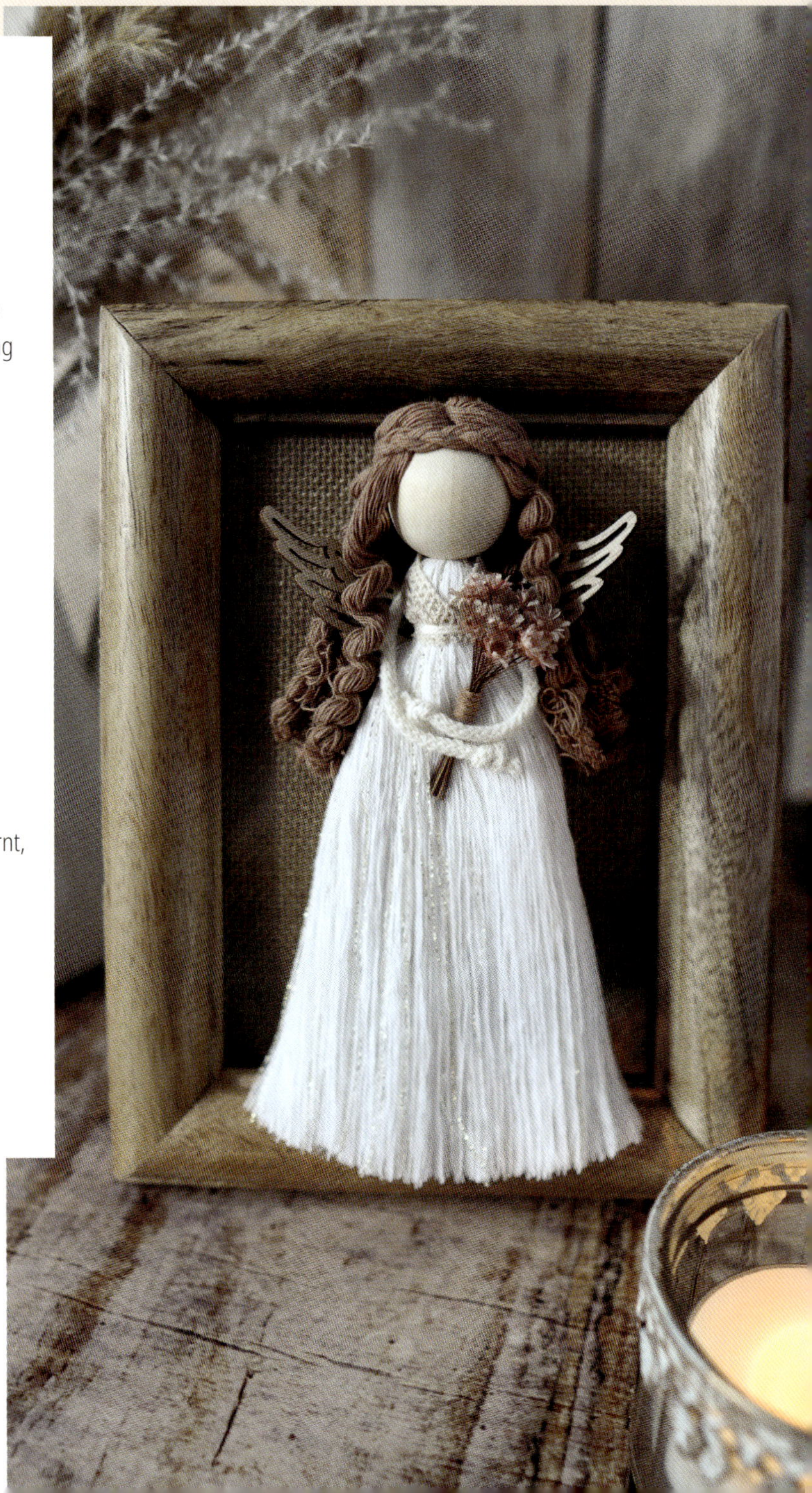

MOTIVGRÖSSE

Gesamtgröße: 22 cm x 18 cm (Bilderrahmen); **Engel:** 18 cm

MATERIAL

- 4 Baumwollfäden in Braun, einfach gezwirnt, ø 4 mm, 80 cm lang für die Haare
- 4 Stück Chenilledraht, ø 8 mm, 50 cm lang für die Haare
- Baumwollschnur in Natur, ø 1 mm, 40 cm lang als Verbindungsschnur
- Holzperle, ø 3 cm
- 14 Baumwollfäden in Weiß, einfach gezwirnt, ø 3 mm, 35 cm lang für das Kleid
- Baumwollfaden in Natur, geflochten, ø 3 mm, 20 cm lang für die Arme
- Baumwollschnur in Natur, ø 1 mm, 25 cm lang für die Taille
- Spitzband in Natur, 10 cm lang
- Dünne Schnur in Weiß, 30 cm lang
- 2 Holzflügel, 5,5 cm
- Baumwollfaden in Braun, einfach gezwirnt, ø 4 mm, 20 cm lang für das Haarband
- Bilderrahmen, 22 cm x 18 cm
- Dekostoff aus Jute, ca. 22 cm x 18 cm
- Trockenblumen

KNOTEN

- Wickelknoten

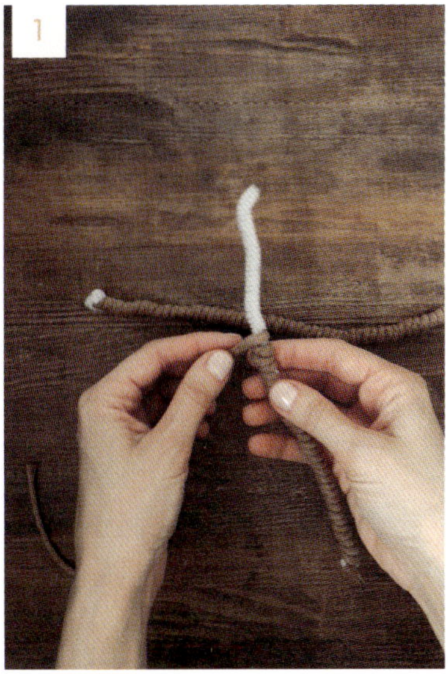

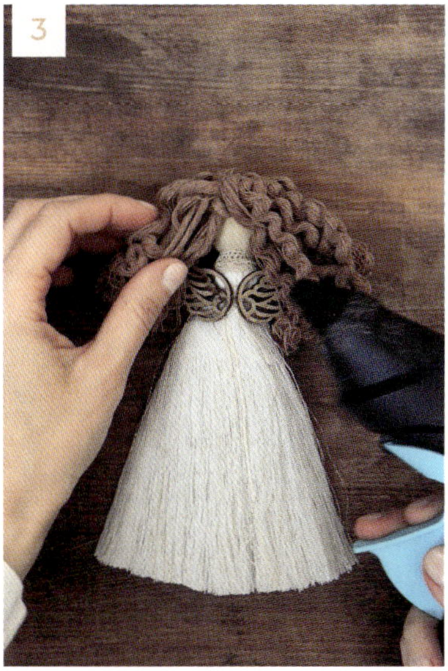

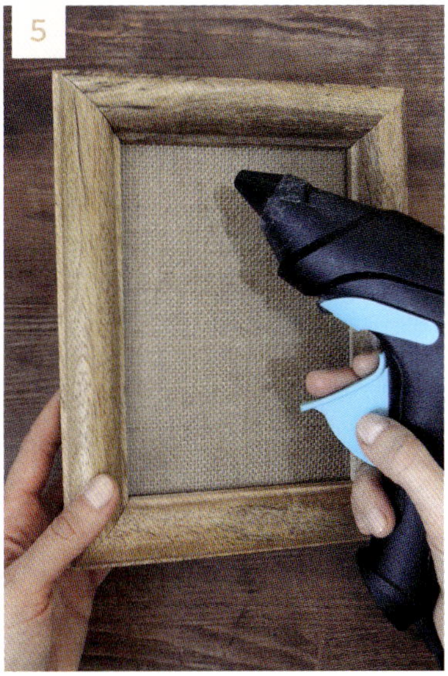

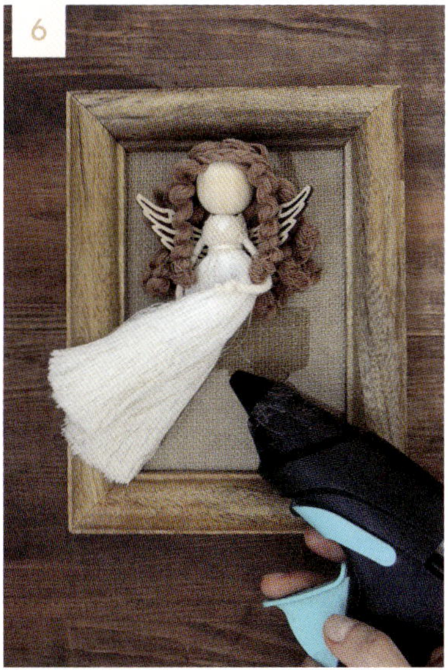

1. Für die Haare des Engels je einen Baumwollfaden um einen Chenilledraht wickeln.

2. Den umwickelten Draht für eine Minute in Wasser tauchen und danach austrocknen lassen. Wenn sie vollständig getrocknet sind, können die Baumwollfäden vorsichtig abgewickelt werden. Die Fäden in zwei gleich lange Stücke teilen, die in lockigem Zustand etwa 20 cm lang sind.

3. Einen Engel ohne Flügel nach der Grundanleitung (S. 18/19) anfertigen. Für die Haare die eben vorbereiteten acht Baumwollfäden vorsichtig kämmen und anschließend befestigen. Damit die Haare in Form bleiben, ggf. an der Kopfhinterseite mit Heikleber festkleben. Den Oberkörper des Engels mit einem Spitzenband verzieren. Dazu das Spitzband mittig hinten unter dem Kopf platzieren, nach vorne führen, überkreuzen und mithilfe eines Wickelknotens mit einer dünnen Schnur um die Taille fixieren. Die Holzflügel auf der Rückseite ankleben.

4. Den Baumwollfaden für das Haarband in drei Teile aufwickeln, zu einem Haarband flechten, um den Kopf des Engels binden, auf der Rückseite verknoten und festkleben.

5. Die Innenseite des Bilderrahmens mit einem entsprechend zugeschnittenen Stück Jutestoff bekleben.

6. Den Engel mit Heißkleber in den Bilderrahmen kleben.

7. Einen Strauß Trockenblumen in den Armen des Engels arrangieren und festkleben.

Lucinda

SCHAUKELNDER ENGEL

MOTIVGRÖSSE

Gesamtmotiv: 28 cm (ohne Aufhängung);
Engel: 22 cm

MATERIAL

- Holzring, ø 18 cm
- Jutegarn, ca. 200 cm lang zum Umwickeln des Rings
- 4 Jutegarn-Fäden, 250 cm lang für die Schaukel
- 2 Holzperlen, ø 15 mm für die Schaukel
- Holzstab, 12 cm lang für die Schaukel
- Baumwollschnur in Natur, ø 1 mm, 80 cm lang als Verbindungsschnur
- Holzperle, ø 3 cm
- 12 Baumwollfäden in Natur, einfach gezwirnt, ø 3 mm, 40 cm lang für die Haare
- 12 Stücke Chenilledraht, 25 cm lang für die Haare
- 7 Baumwollfäden in Weiß, einfach gezwirnt, ø 5 mm, 33 cm lang für das Kleid
- Baumwollfaden in Natur, geflochten, ø 3 mm, 25 cm lang für die Arme
- Baumwollfaden in Natur, geflochten, ø 3 mm, 50 cm lang für die Beine
- Baumwollschnur in Natur, ø 1 mm, 35 cm lang für die Taille
- Baumwollschnur in Natur, ø 1 mm, 40 cm lang für den Rock
- 4 Baumwollfäden in Pastellgrün, einfach gezwirnt, ø 3 mm, 28 cm lang für den Rock
- 4 Schnüre in Gold, 20 cm lang für Gürtel, Haarband und Füße
- 2 Holzflügel, 5,5 cm
- Nylonschnur, 40 cm lang zur Befestigung des Engels
- Trockenblumen

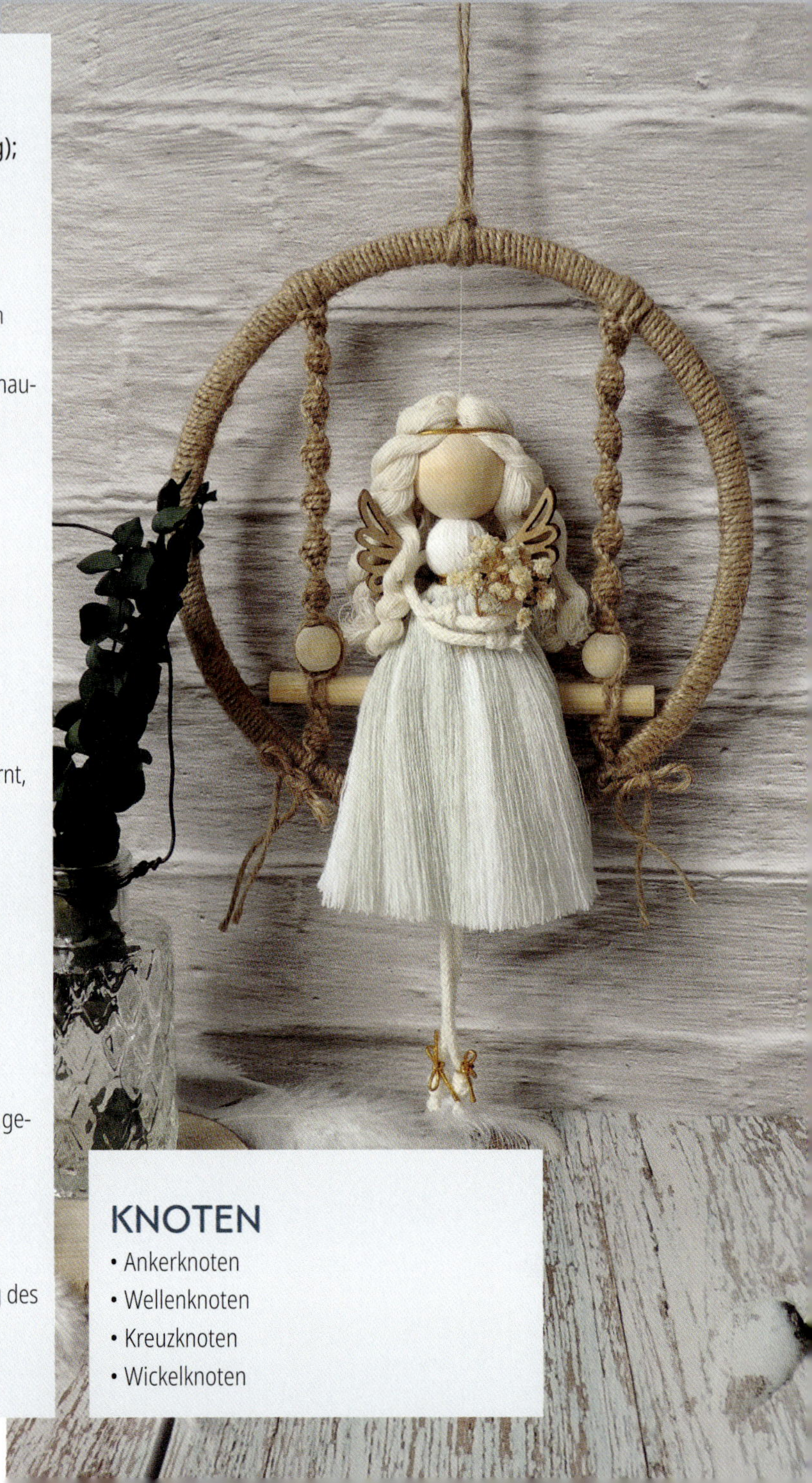

KNOTEN

- Ankerknoten
- Wellenknoten
- Kreuzknoten
- Wickelknoten

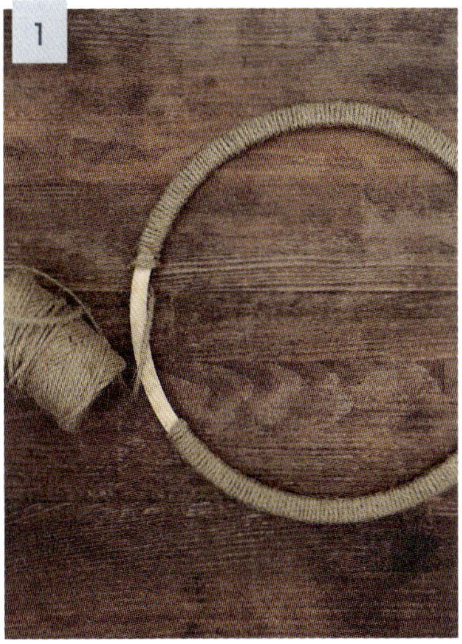
1

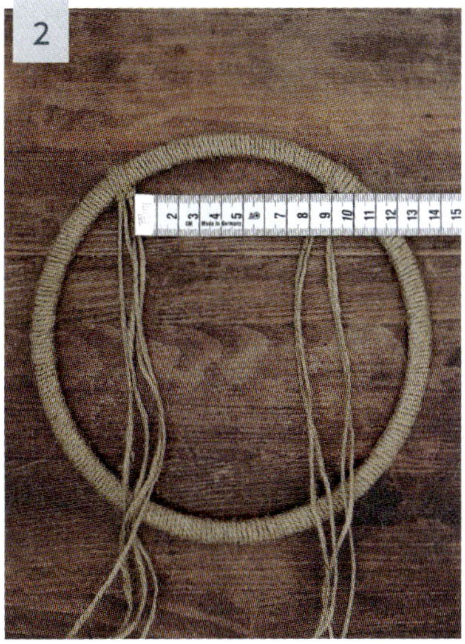
2

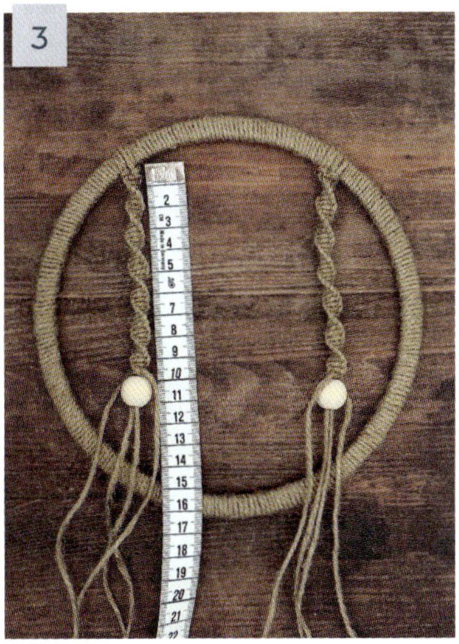
3

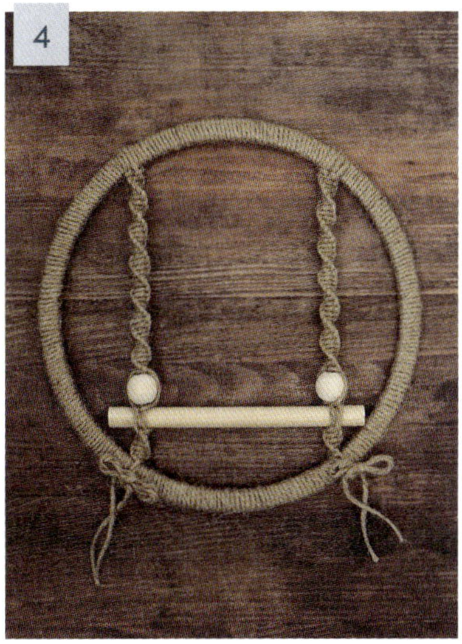
4

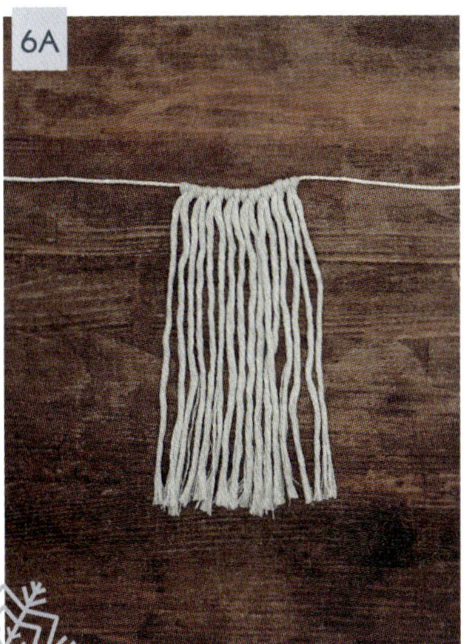
6A

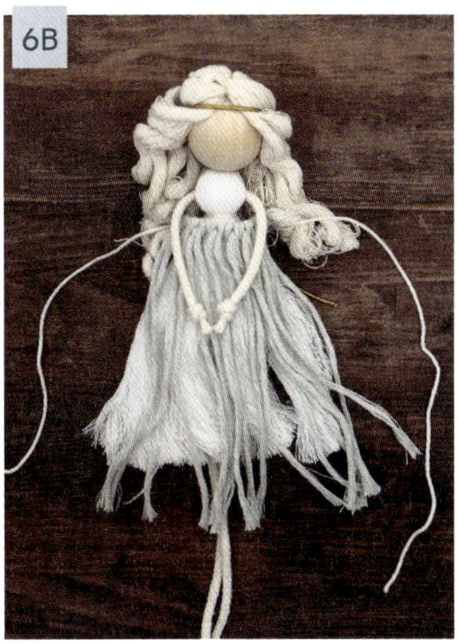
6B

1. Den Holzring mit Jutegarn umwickeln.

2. Vier 280 cm lange Jutegarn-Fäden am Holzring befestigen (je zwei links und zwei rechts in einem Abstand von 9 cm).

3. Aus den acht Jutegarn-Fäden Wellenknoten-Stränge flechten, bis eine Länge von ca. 10 cm erreicht ist. Je eine Holzperle auffädeln und mit einem halben Kreuzknoten befestigen.

4. Den Holzstab unterhalb der Perlen befestigen. Dazu mit den vier Fäden auf beiden Seiten zwei Doppelknoten binden. Den Spiralknoten-Strang auf beiden Seiten bis zum unteren Ende des Rings fortsetzen. Die Stränge mit einem Doppelknoten am Ring festbinden. Auf beiden Seiten zwei Fäden abschneiden und auf der Rückseite des Rings festkleben. Aus den anderen Fäden eine Schleife binden.

5. Einen Engel ohne Flügel nach der Grundanleitung (S. 18/19) erstellen. Für die Haare je einen Baumwollfaden um einen Chenilledraht wickeln. Die umwickelten Drahtstücke für eine Minute in Wasser tauchen und danach austrocknen lassen. Die Baumwollfäden abwickeln und wie in der Grundanleitung beschrieben, weiter verarbeiten.

6. Für den Rock die vier 28 cm langen Fäden in zwei 1,5 mm dicke Teile aufwickeln. Die acht Fäden mit einem von hinten geknoteten Ankerknoten an der 40 cm langen Baumwollschnur befestigen. Die Baumwollschnur um die Taille legen und zusammenknoten. Den Rock auskämmen und zuschneiden.

7. Eine goldene Schnur um die Taille des Engels wickeln, verknoten und abschneiden. Eine goldene Schnur als Haarband um den Kopf des Engels binden. Je eine goldene Schnur mit einer Schleife an den Füßen des Engels befestigen. Die Holzflügel am Rücken festkleben. Den Engel am Ring festbinden und mit einem Strauß aus Trockenblumen verzieren.

Mia und Teresa

SCHWESTERN ZUM ANHÄNGEN

MOTIVGRÖSSE

Gesamtmotiv: 25 cm; **Engel:** 18 cm

MATERIAL

- Baumwollschnur, ø 1 mm, 35 cm als Verbindungsschnur
- Holzperle, ø 25 mm
- Jutegarn, ø 1–2 mm, 30 cm lang zum Aufhängen des Engels
- 5 Baumwollfäden in Natur, einfach gezwirnt, ø 5 mm, 20 cm lang für die Haare
- 12 Baumwollfäden in (Gold-)Dunkelrot/Dunkelgrün, einfach gezwirnt, ø 3 mm, 22 cm lang für das Kleid
- Baumwollfaden in Natur, geflochten, ø 3 mm, 20 cm für die Arme
- Baumwollfaden in Natur, geflochten, ø 3 mm, 30 cm lang für die Beine
- Baumwollschnur in Natur, ø 1 mm, 20 cm lang für die Taille
- Baumwollfaden in (Gold-)Dunkelrot/Dunkelgrün, einfach gezwirnt, ø 3 mm, 33 cm lang für die Mütze
- Baumwollfaden in (Gold-)Dunkelrot/Dunkelgrün, einfach gezwirnt, ø 3 mm, 25 cm lang für die Mütze
- 10 Baumwollfäden in (Gold-)Dunkelrot/Dunkelgrün, einfach gezwirnt, ø 3 mm, 20 cm lang für die Mütze
- Dünne Schnur in Weiß, 30 cm lang für die Schleife
- Baumwollfaden, einfach gezwirnt, ø 3 mm, 2,5 cm lang für die Schleife
- Holzflügel, 9 cm
- Glöckchen in Gold

KNOTEN

- Ankerknoten
- Wickelknoten

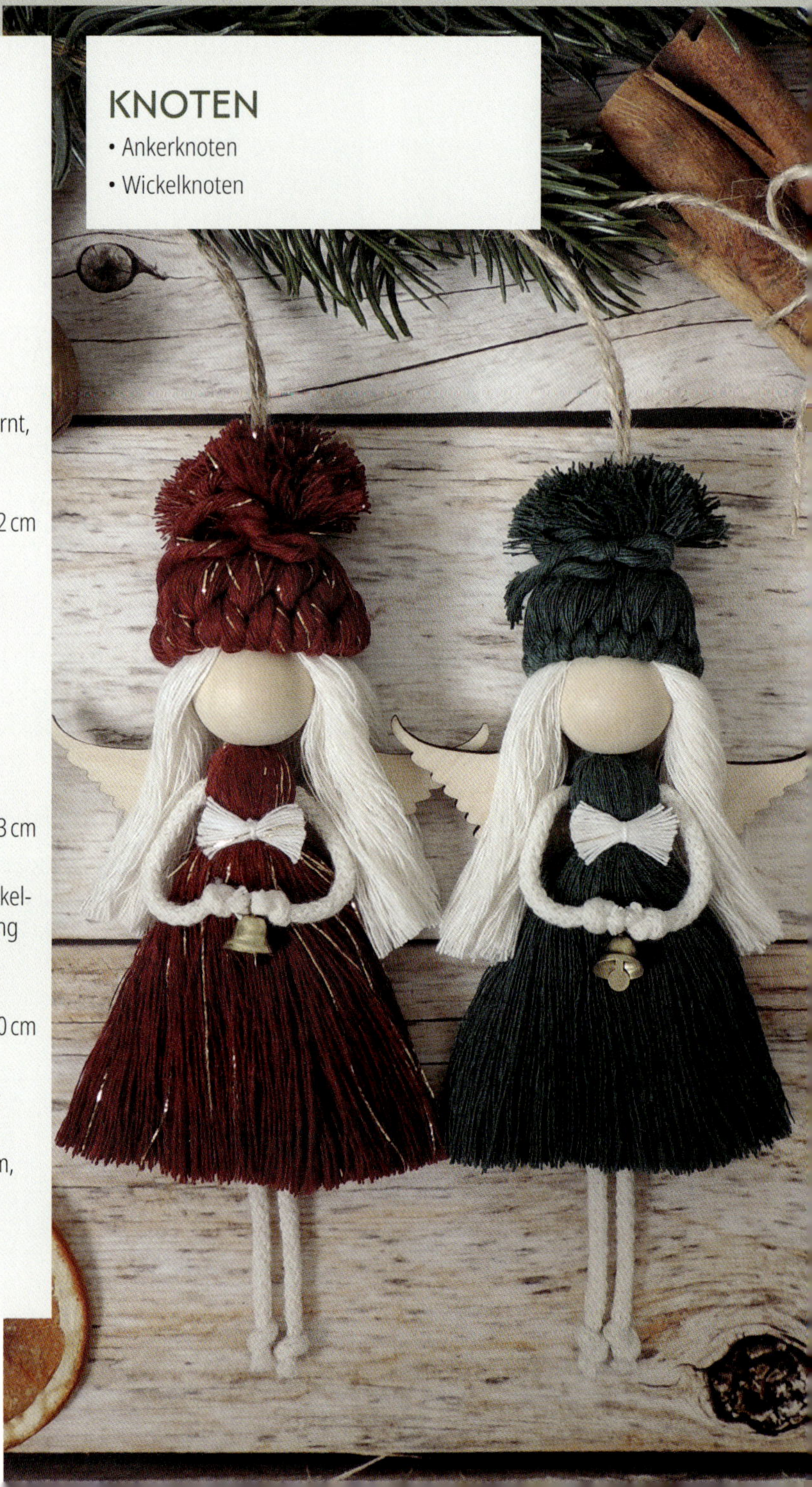

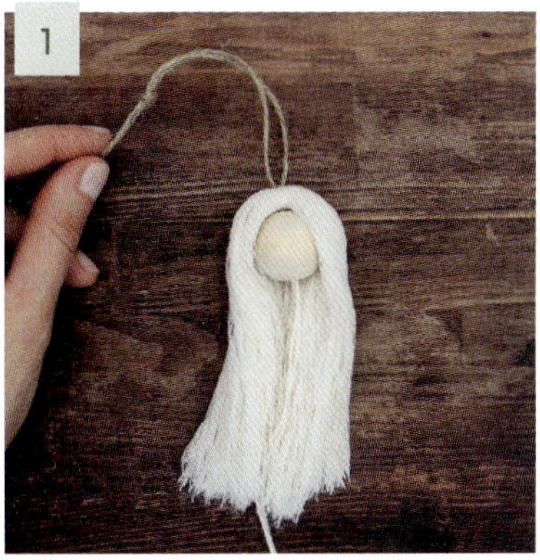
1

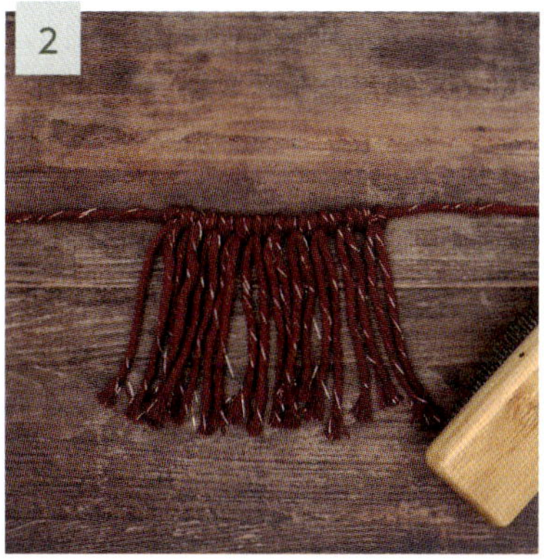
2

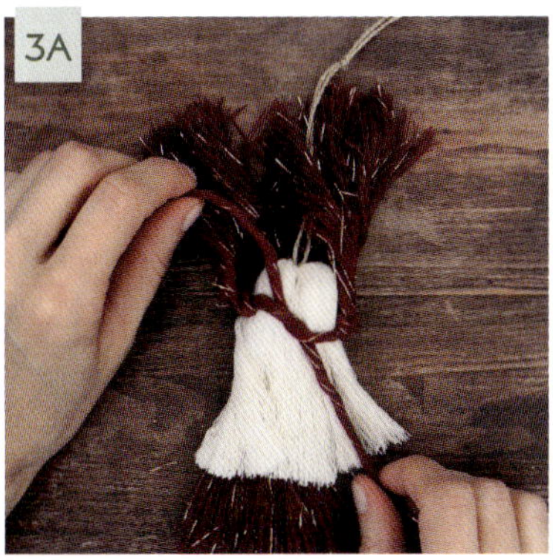
3A

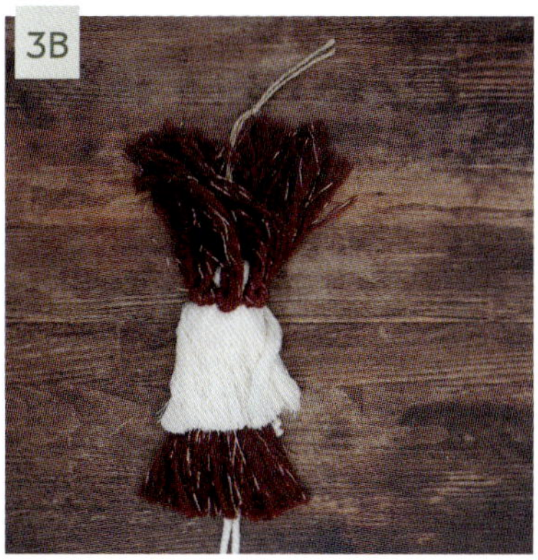
3B

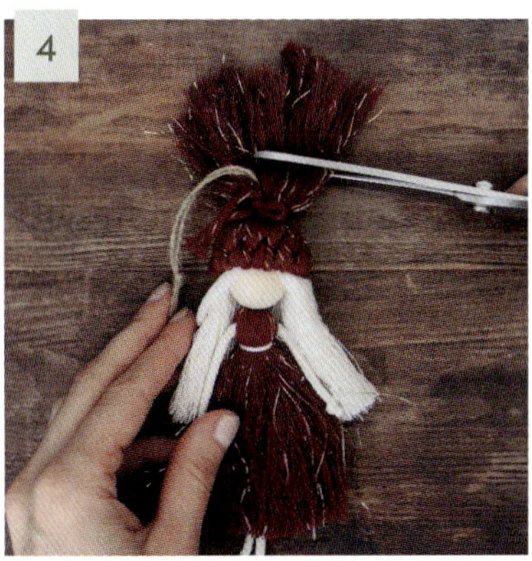
4

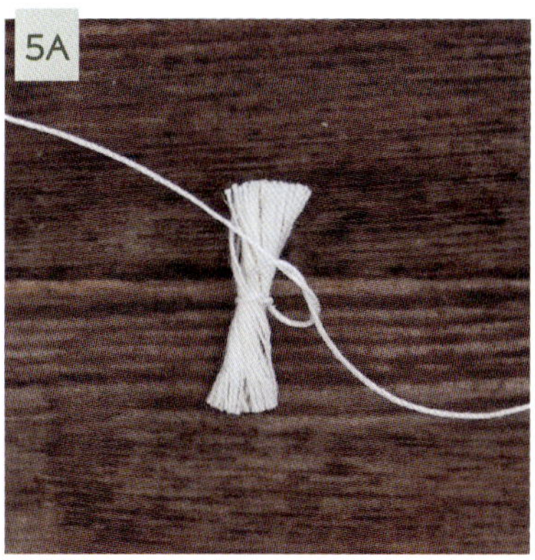
5A

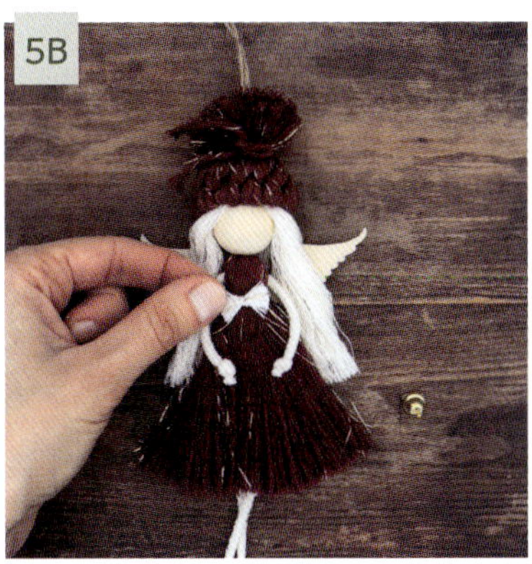
5B

1. Einen Engel ohne Flügel nach der Grundanleitung (S. 18/19) anfertigen. Mit den Haaren eine Juteschnur am Kopf befestigen, um den Engel aufhängen zu können. Die Enden der Juteschnur anschließend verknoten.

2. Für die Mütze zehn 20 cm lange Baumwollfäden mit einem von hinten geknoteten Ankerknoten am 33 cm langen Baumwollfaden (Trägerfaden) befestigen. Die zehn Fäden auskämmen.

3. Den Trägerfaden der Mütze um den Kopf des Engels wickeln und mit einem Knoten am Hinterkopf zusammenbinden. Die ausgekämmten Fäden zeigen dabei nach oben. Die Enden des Trägerfadens auskämmen und ebenfalls nach oben legen.

4. Den 25 cm langen Baumwollfaden in zwei 1,5 mm dicke Fäden teilen. Die ausgekämmten Fäden der Mütze mit einem der aufgewickelten Fäden zusammenbinden (gerne mit einer Schleife). Die Mütze zuschneiden. Dabei darauf achten, die Juteschnur zum Aufhängen nicht versehentlich abzuschneiden.

5. Für die Schleife die dünne Schnur um ein ca. 2,5 cm langes Stück Baumwollfaden wickeln und verknoten. Die Enden des Baumwollfadens aufwickeln, sodass eine Schleife entsteht und diese mit den Enden der dünnen Schnur um die Taille des Engels binden.

6. Die Holzflügel auf der Rückseite des Engels festkleben. Nach Belieben eine kleine Glocke mit etwas Kleber an den Händen des Engels fixieren.

Anna

WINTERENGEL MIT BAUM

MOTIVGRÖSSE

Gesamtmotiv: 28 cm (ohne Aufhängung);
Engel: 18,5 cm

MATERIAL

- Baumwollfaden in Natur, geflochten, ø 5 mm, 600 cm lang zum Umwickeln des Rings
- Metallring, ø 25 cm
- Baumwollfaden in Natur, geflochten, ø 5 mm, 100 cm lang für den Baum
- Holzstab, ca. ø 2 cm, ca. 27 cm lang
- 2 Baumwollfäden in Natur, geflochten, ø 5 mm, 50 cm zum Festbinden des Holzstabs
- 4 Baumwollfäden in Natur, einfach gezwirnt, ø 5 mm, 18 cm lang für den Baum
- 10 Baumwollfäden in Natur, einfach gezwirnt, ø 5 mm, 16 cm lang für den Baum
- 10 Baumwollfäden in Natur, einfach gezwirnt, ø 5 mm, 14 cm lang für den Baum
- Baumwollschnur in Natur, ø 1 mm, 80 cm lang als Verbindungsschnur
- Holzperle, ø 3 cm
- 15 Baumwollfäden in Braun, einfach gezwirnt, ø 3 mm, 22 cm lang für die Haare
- 7 Baumwollfäden in Weiß, einfach gezwirnt, ø 5 mm, 28 cm lang für das Kleid
- Baumwollfaden in Natur, geflochten, ø 3 mm, 45 cm lang für die Flügel
- Baumwollfaden in Natur, geflochten, ø 3 mm, 25 cm lang für die Arme
- Baumwollschnur in Natur, ø 1 mm, 35 cm lang lang für die Taille
- Baumwollfaden in Weiß, ø 3 mm, 35 cm lang für die Mütze
- 14 Baumwollfäden in Weiß, einfach gezwirnt, ø 3 mm, 18 cm lang für die Mütze
- Baumwollfaden in Weiß, ø 1 mm, 30 cm lang für die Mütze
- Nylonschnur, ca. 60 cm lang zur Befestigung des Engels am Ring
- Tannenzweig
- Spitzband in Natur ca. ø 3 cm, ca. 60 cm lang für die Schleife
- Holzflocke

KNOTEN

- Wellenknoten
- Ankerknoten
- Wickelknoten

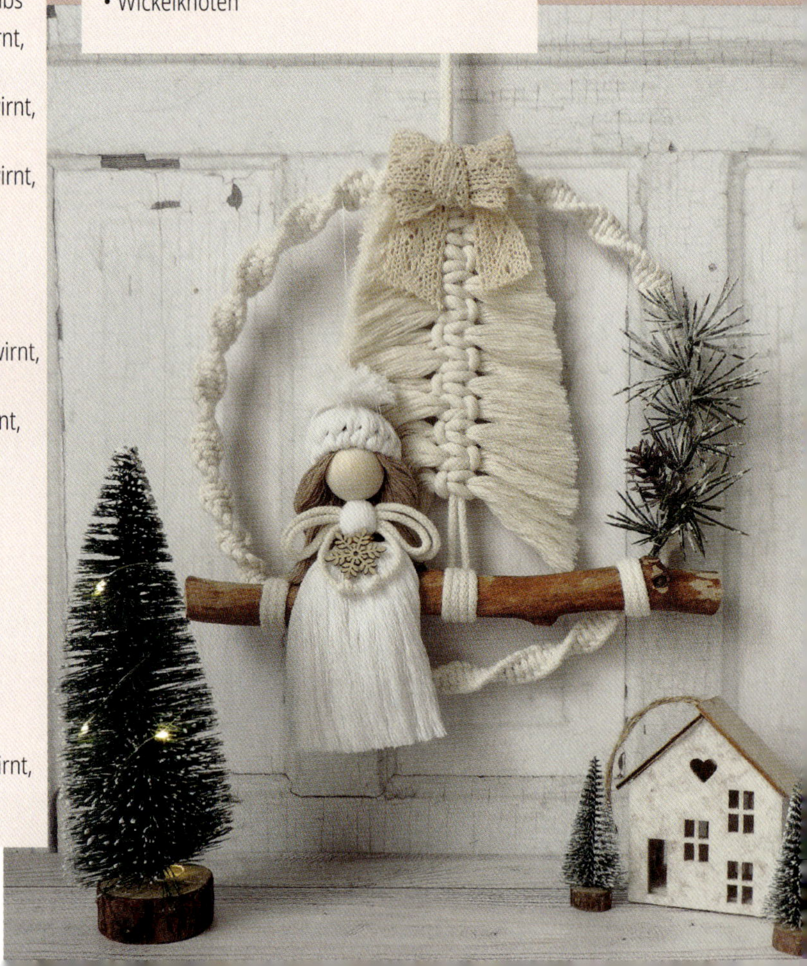

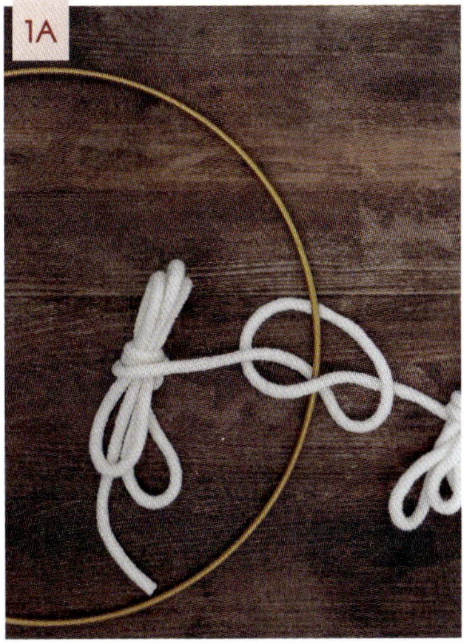

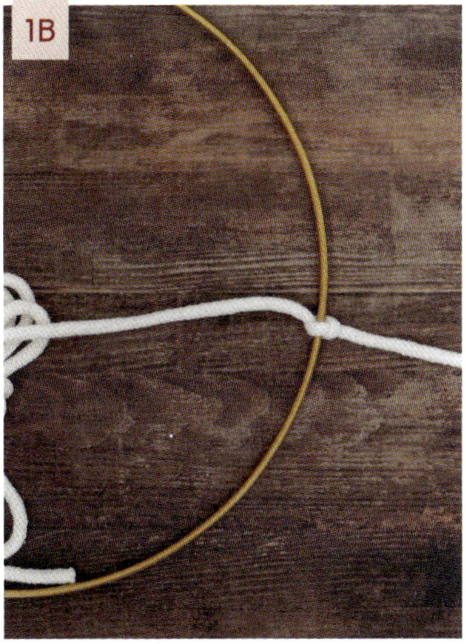

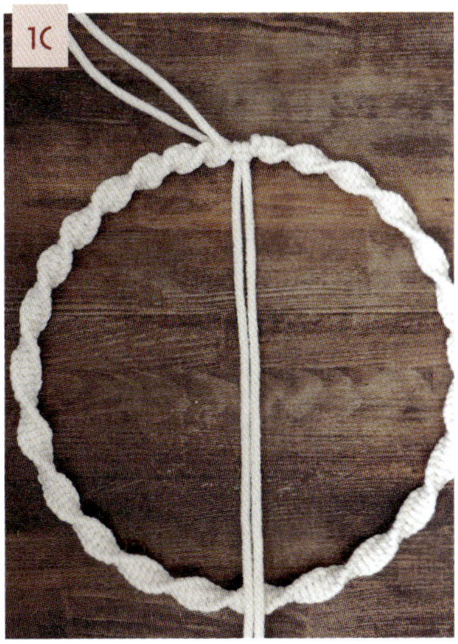

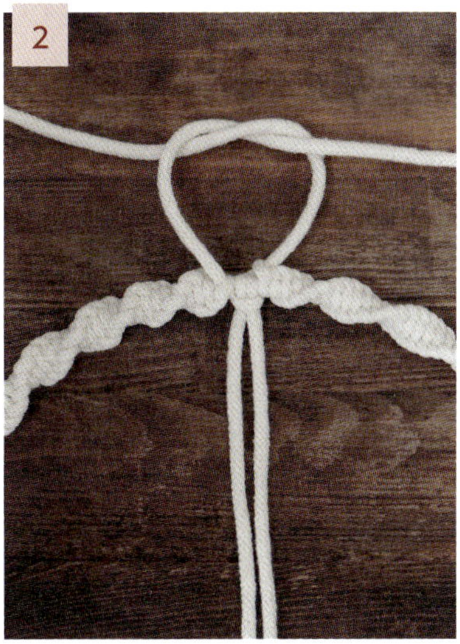

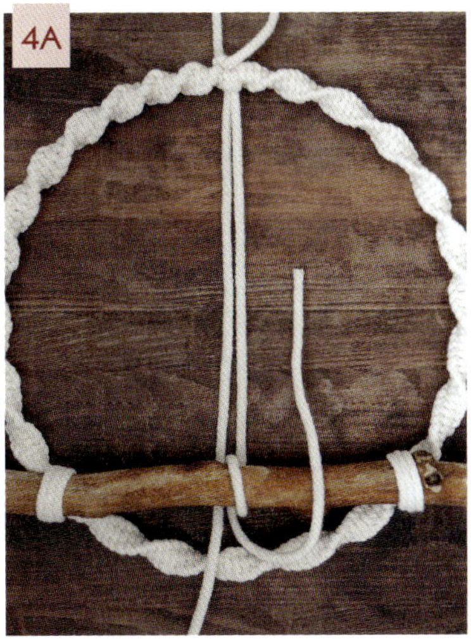

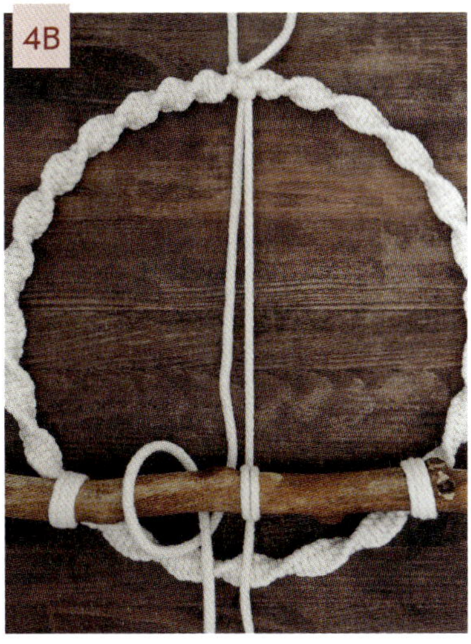

1. Den Ring mit dem Baumwollfaden umwickeln. Dabei Wellenknoten arbeiten. Einen ca. 1 cm breiten Bereich freilassen und dort den 100 cm langen Baumwollfaden für den Baum mit einem Ankerknoten befestigen.

2. Ein Ende des Fadens nehmen, mit dem der Ring umwickelt wurde, und durch den ersten Wellenknoten ziehen (z. B. mit einer Häkelnadel). Anschließend beide Fäden mit einem einfachen Knoten zusammenbinden. Mit diesen Fäden kann das Modell später aufgehängt werden.

3. Den Holzstab am Ring festbinden. Dazu rechts und links einen 50 cm langen Baumwollfaden dreimal um Stab und Ring wickeln. Die Fadenenden auf der Rückseite verknoten, abschneiden und festkleben.

4. Den Trägerfaden des Baumes in der Mitte des Holzstabs befestigen. Dazu zweimal den halben Schlag verwenden. Den rechten Faden von hinten nach vorne um den Stab wickeln, sodass das Ende links des gespannten Fadens ist. Den Faden erneut von hinten nach vorne um den Ast wickeln und das Ende durch die Schlaufe nach vorne ziehen. Spiegelverkehrt für die linke Seite wiederholen.

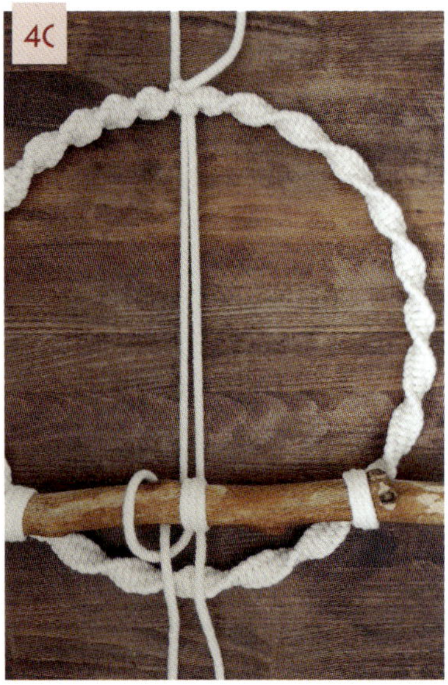

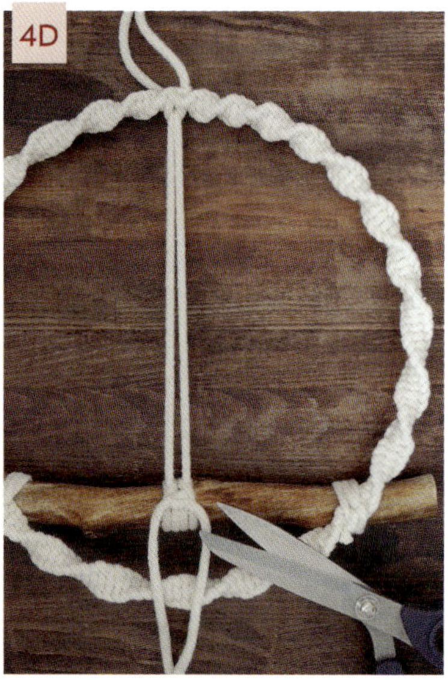

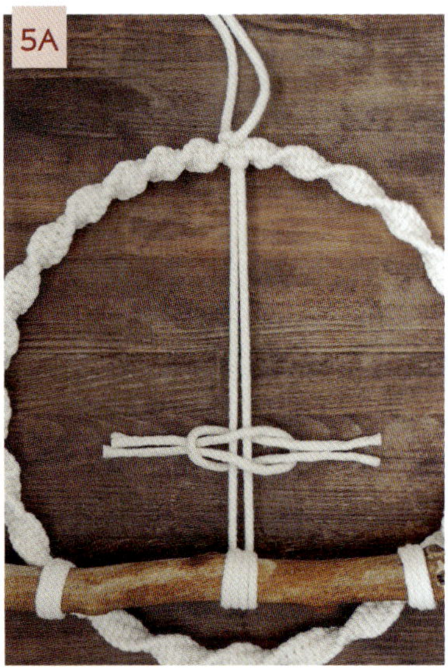

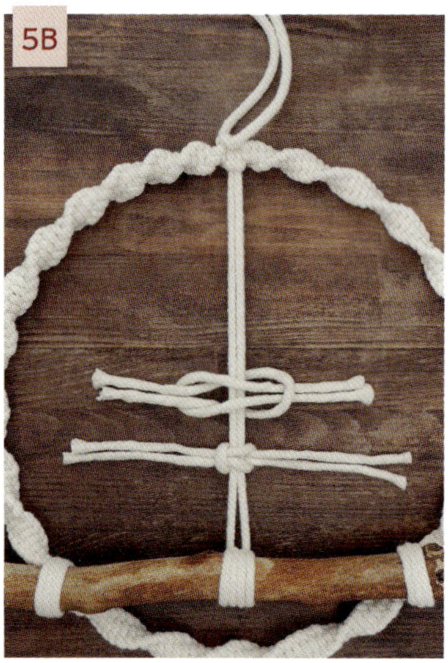

Beide Fäden auf der Hinterseite zusammenknoten und abschneiden.

5. Am Trägerfaden des Baumes Baumwollfäden für die Zweige anbringen. Die ersten beiden Fäden ca. 5 cm oberhalb des Holzstabs befestigen. Dazu beide Fäden zu einer Schlaufe zusammenlegen. Eine Schlaufe von rechts unter die Trägerfäden schieben und die andere von links über die Trägerfäden legen. Die Enden der unteren Schlaufe durch die obere und die Enden der oberen Schlaufe durch die untere führen. Anschließend festziehen. Nun spiegelverkehrt vorgehen. Zuerst eine Schlaufe von links unter die Trägerfäden legen, dann eine von rechts darauf legen. Die Fäden durch die Schlaufen führen und festziehen. Immer abwechselnd fortfahren. Zuerst die vier 18 cm langen, dann die zehn 16 cm langen und zum Schluss die zehn 14 cm langen Fäden befestigen.

6. Die Baumwollfäden auskämmen, zuschneiden und mit Haarspray fixieren.

7. Einen Engel nach der Grundanleitung (S. 18/19) erstellen. Den Baumwollfaden für die Flügel dabei zweimal zur Acht legen und in der Mitte zusammenknoten. Für die Mütze (S. 57) die 18 cm langen Baumwollfäden mit einem von hinten geknoteten Ankerknoten am 35 cm langen Baumwollfaden (Trägerfaden) befestigen und auskämmen. Den Trägerfaden um den Kopf wickeln und am Hinterkopf verknoten. Die ausgekämmten Fäden zeigen dabei nach oben. Die Enden des Trägerfadens auskämmen und nach oben legen. Die ausgekämmten Fäden der Mütze mit der 30 cm langen Baumwollschnur zusammenbinden (gerne mit einer Schleife). Die Mütze zuschneiden. Den Engel mit der Nylonschnur am Ring festbinden.

8. Den Tannenzweig am Ring festkleben. Eine Schleife aus dem Spitzband binden und an der Spitze des Baumes auf den Ring kleben. Eine Holzschneeflocke in den Armen des Engels platzieren und festkleben.

Angelika

MONDENGEL MIT TROCKENBLUMEN

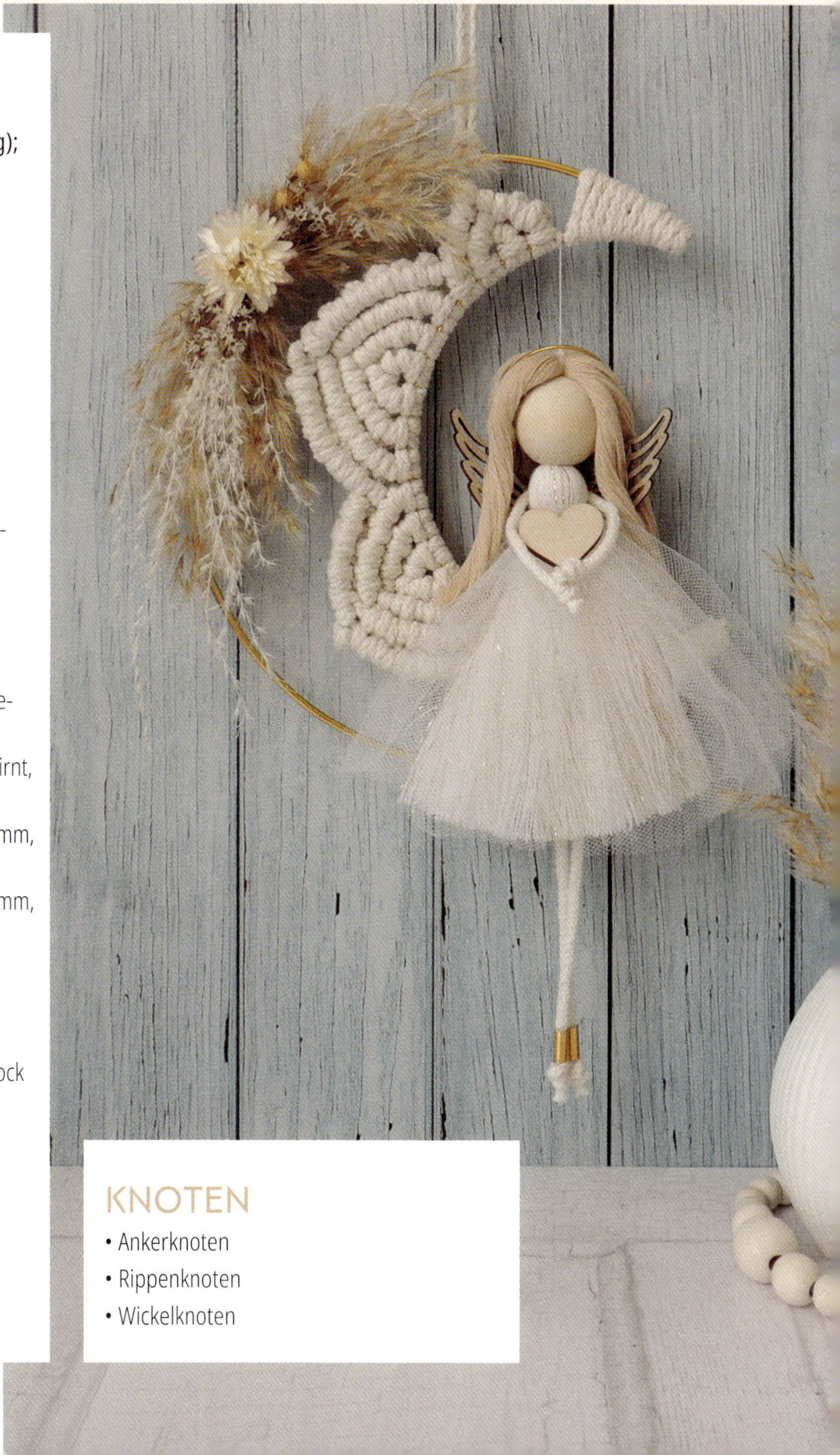

MOTIVGRÖSSE

Gesamtmotiv: 31 cm (ohne Aufhängung);
Engel: 23 cm

MATERIAL

- Metallmond, 20 cm lang
- 12 Baumwollfäden in Natur, geflochten, ø 4 mm, 90 cm lang für den Mond (große Halbkreise)
- 8 Baumwollfäden in Natur, geflochten, ø 4 mm, 50 cm lang für den Mond (kleine Halbkreise)
- 2 Baumwollfäden in Natur, geflochten, ø 4 mm, 50 cm lang für den Mond (Mondspitzen)
- Baumwollschnur in Natur, ø 1 mm, 60 cm als Verbindungsschnur
- Holzperle, ø 3 cm
- 7 Baumwollfäden in Hellbraun, einfach gezwirnt, ø 4 mm, 25 cm lang für die Haare
- 14 Baumwollfäden in Weiß, einfach gezwirnt, ø 3 mm, 27 cm lang für das Kleid
- Baumwollfaden in Natur, geflochten, ø 3 mm, 20 cm lang für Arme
- Baumwollfaden in Natur, geflochten, ø 3 mm, 40 cm lang für Beine
- Baumwollfaden in Natur, ø 1 mm, 30 cm lang für die Taille
- Trockenblumen
- 10 Streifen Tüll, 3,5 cm x 23 cm für den Rock
- Dünne Schnur in Natur, 25 cm lang für den Rock
- 2 Holzflügel, 5,5 cm
- 2 Stiftperlen in Gold
- Holzherz
- Nylonschnur, 30 cm lang zur Befestigung des Engels

KNOTEN

- Ankerknoten
- Rippenknoten
- Wickelknoten

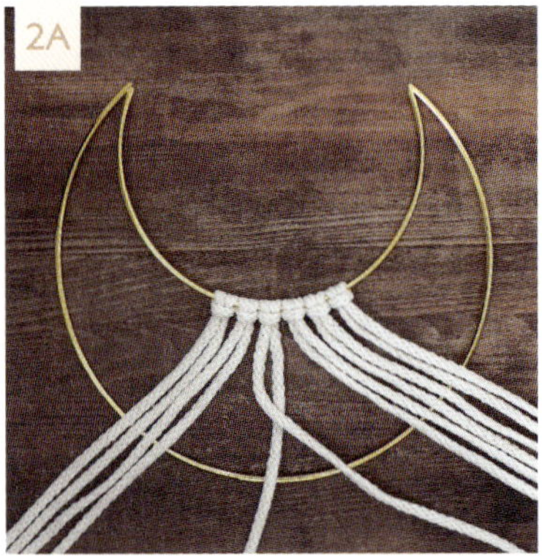
2A

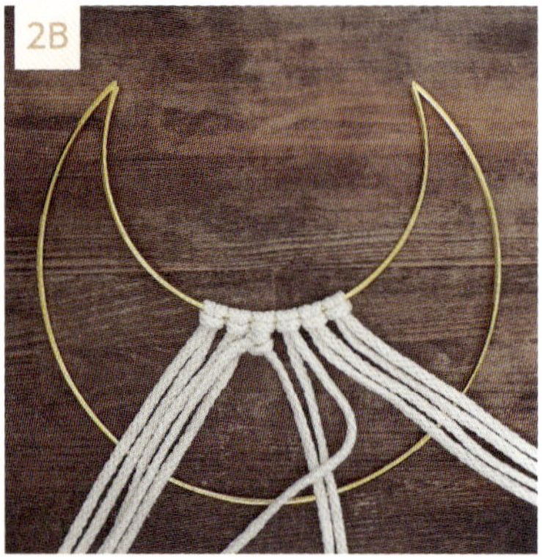
2B

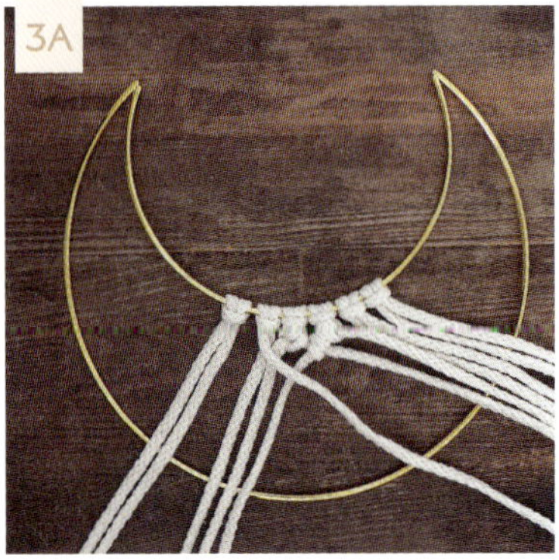
3A

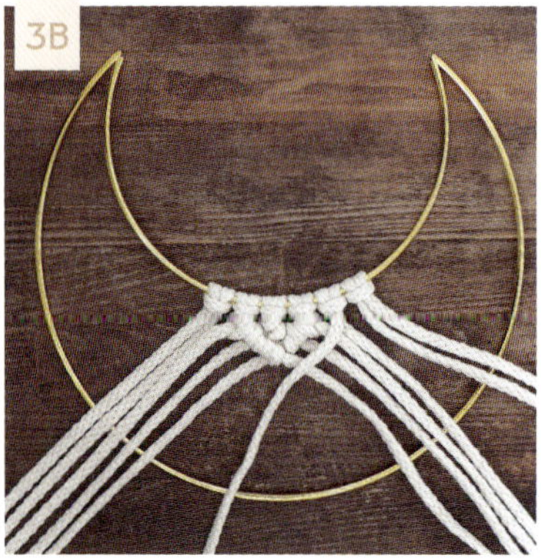
3B

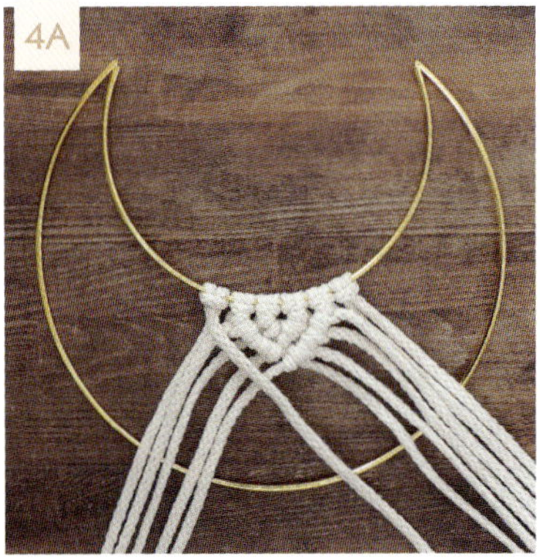
4A

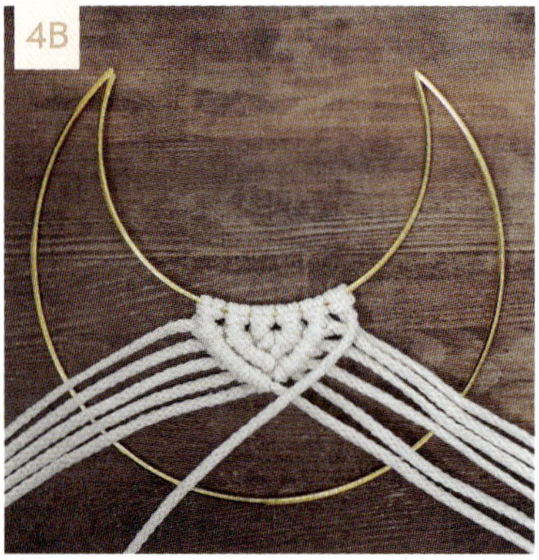
4B

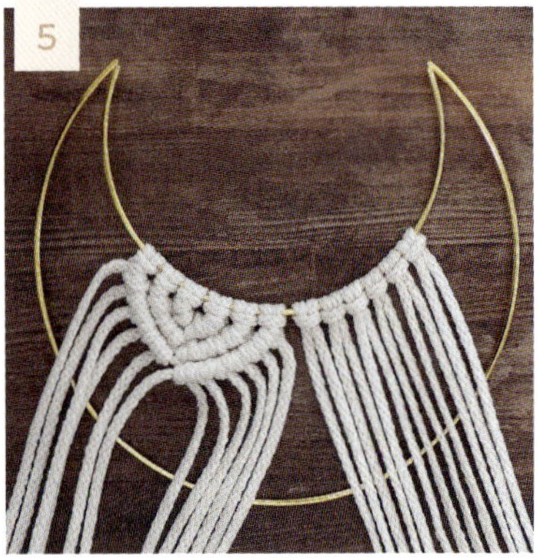
5

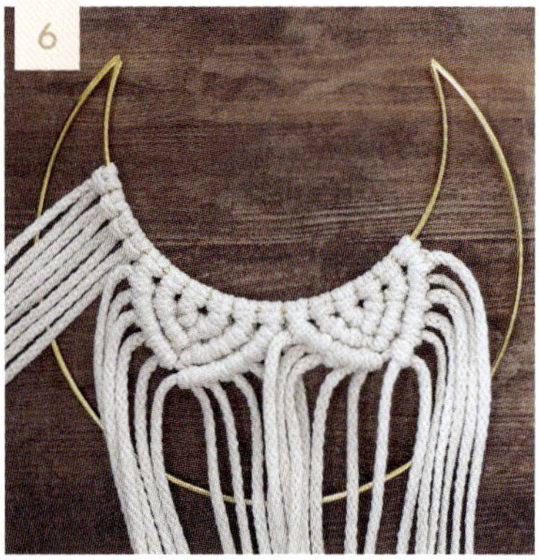
6

1. Für den ersten, großen Halbkreis sechs Fäden (90 cm) mit dem von vorne geknoteten Ankerknoten am Mond befestigen.

2. Den fünften (Trägerfaden) und sechsten Faden (Arbeitsfaden) von links nehmen und einen Rippenknoten arbeiten. Mit dem fünften (Arbeitsfaden) und sechsten Faden (Trägerfaden) von rechts einen Rippenknoten arbeiten. Mit dem Trägerfaden des ersten Rippenknotens (Arbeitsfaden) und dem Trägerfaden des zweiten Rippenknotens (Trägerfaden) einen dritten Rippenknoten knüpfen.

3. Auf beiden Seiten zwei Fäden hinzunehmen und Schritt 2 wiederholen. Zuerst auf beiden Seiten drei Rippenknoten arbeiten und anschließend einen weiteren in der Mitte.

4. Wieder zwei Fäden auf beiden Seiten hinzunehmen und Schritt 2 erneut wiederholen. Auf jeder Seite fünf Rippenknoten knüpfen und einen in der Mitte.

5. Rechts vom ersten Halbkreis sechs weitere Fäden (90 cm) am Halbmond befestigen und die Schritte 2–4 wiederholen.

6. Anschließend auf der linken Seite des ersten Halbkreises vier Fäden (70 cm) mit dem Ankerknoten anbringen und die Schritte 2 und 3 wiederholen.

7. Schritt 6 auf der rechten Seite wiederholen.

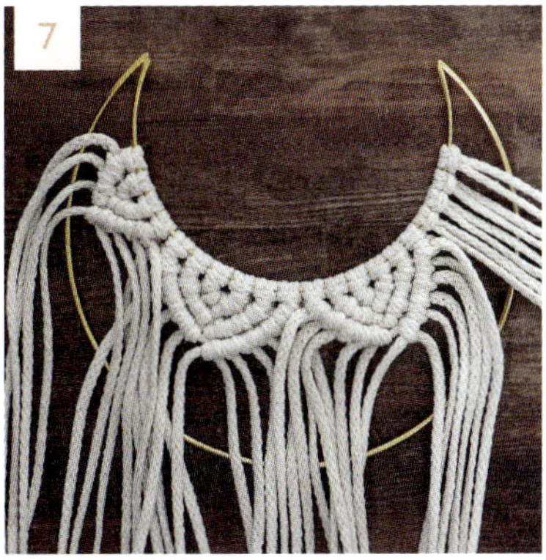
7

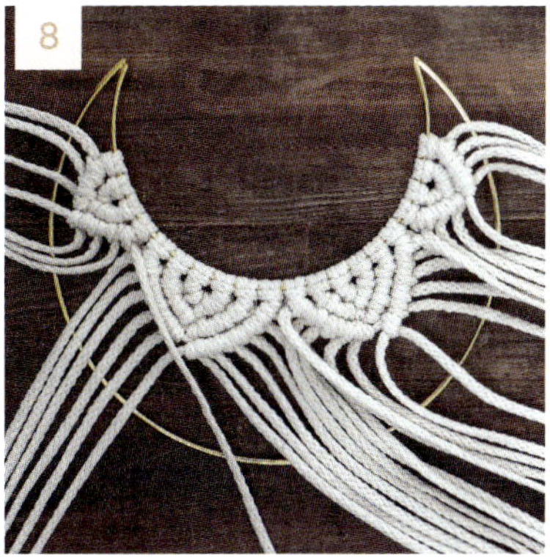
8

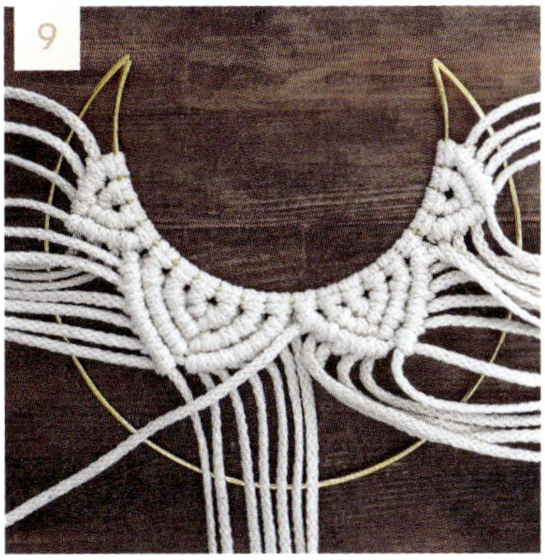
9

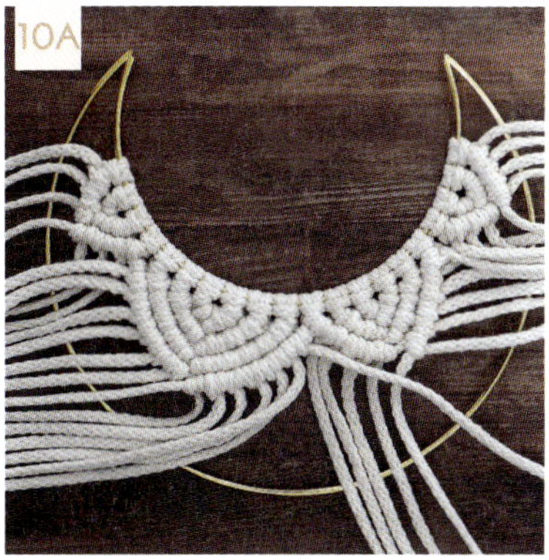
10A

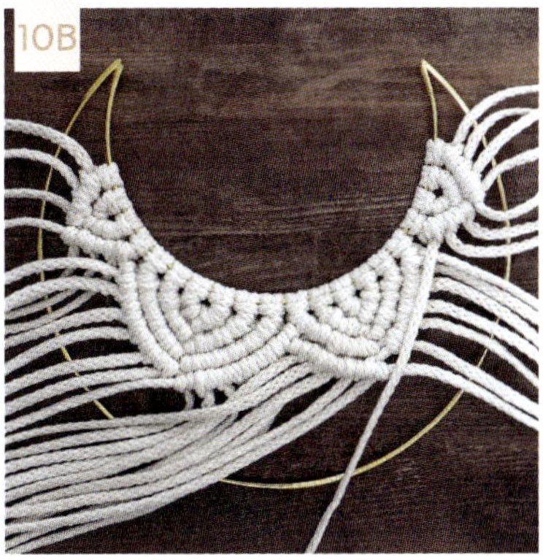
10B

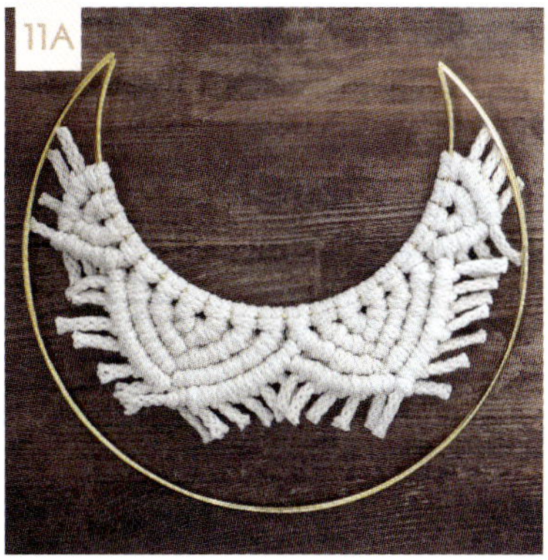
11A

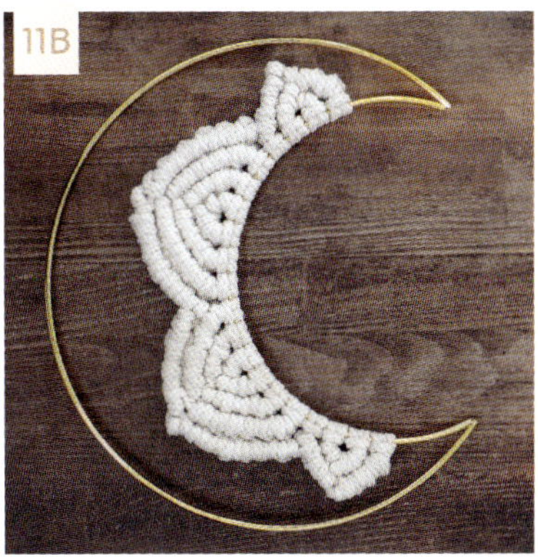
11B

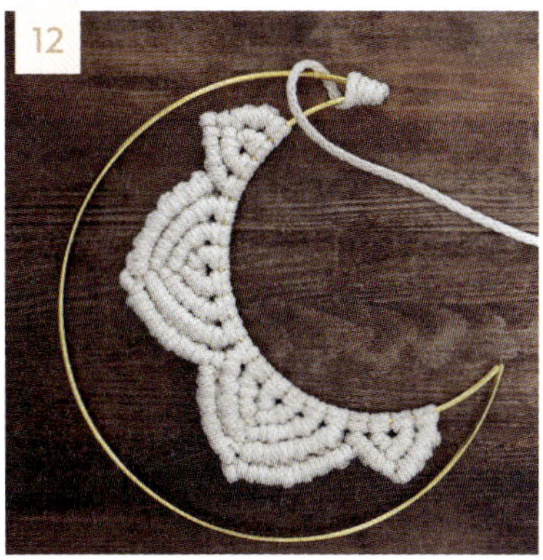
12

8. Die beiden linken Halbkreise verbinden. Den äußersten rechten Faden des kleinen Halbkreises als Trägerfaden nehmen und mit den sechs linken Fäden des großen Halbkreises je einen Rippenknoten arbeiten.

9. Die beiden großen Halbkreise verbinden. Die sieben rechten Fäden des linken Halbkreises als Arbeitsfäden und den äußersten linken Faden des rechten Halbkreises als Trägerfaden nehmen.

10. Den äußersten rechten Faden des linken großen Halbkreises als Trägerfaden nehmen und mit den sechs linken Fäden des rechten großen Halbkreises je einen Rippenknoten arbeiten. Anschließend den äußersten linken Faden des rechten kleinen Halbkreises als Trägerfaden nehmen und mit den rechten sieben Fäden des rechten großen Halbkreises je einen Rippenknoten knüpfen.

11. Alle Fäden auf etwa 1 cm Länge kürzen, nach hinten umbiegen und festkleben.

12. Mit zwei Baumwollfäden die obere und untere Mondspitze umwickeln und die Fadenenden auf der Rückseite festkleben.

13. Die Trockenblumen am Ring festkleben.

14. Einen Engel ohne Flügel nach der Grundanleitung (S. 18/19) anfertigen. Für den Tüllrock (S. 21) die Tüllstreifen mit einem Ankerknoten am Garnfaden befestigen. Den Faden um die Taille binden und verknoten. Die Holzflügel auf der Rückseite festkleben. Das Holzherz auf dem Rock drapieren und festkleben. Mit den Stiftperlen die Beine verzieren. Den Engel mit dem Nylonfaden am Mond befestigen.

Theodora

ENGEL IM MANDALA-MAKRAMEE

MOTIVGRÖSSE

Gesamtmotiv: 35 cm (ohne Aufhängung);
Engel: 14 cm

MATERIAL

- Holzring, ø 16,50 cm
- 30 Baumwollfäden in (Gold-)Natur, 3-fach gezwirnt, ø 3 mm, 120 cm lang für das Mandala
- Baumwollschnur in Gold, ca. ø 3 mm, ca. 50 cm lang zur Verzierung des Mandalas
- Baumwollschnur in Natur, ø 1 mm, 70 cm lang als Verbindungsschnur
- Holzperle, ø 25 mm
- 7 Baumwollfäden in Natur, einfach gezwirnt, ø 5 mm, 22 cm lang für die Haare
- 15 Baumwollfäden in (Gold-)Natur, einfach gezwirnt, ø 3 mm, 30 cm lang für das Kleid
- Baumwollfaden in Natur, geflochten, ø 3 mm, 20 cm lang für die Arme
- Baumwollfaden in Natur, 3-fach gezwirnt, ø 3 mm, 20 cm lang für die Flügel
- Baumwollschnur in Natur, ø 1 mm, 35 cm lang für die Taille
- Nylonschnur, ca. 60 cm lang zum Befestigen des Engels am Ring
- Band in Gold, ca. 60 cm lang für die Schleife
- Glöckchen in Gold

KNOTEN

- Ankerknoten
- Beerenknoten
- Kreuzknoten
- Rippenknoten
- Wickelknoten

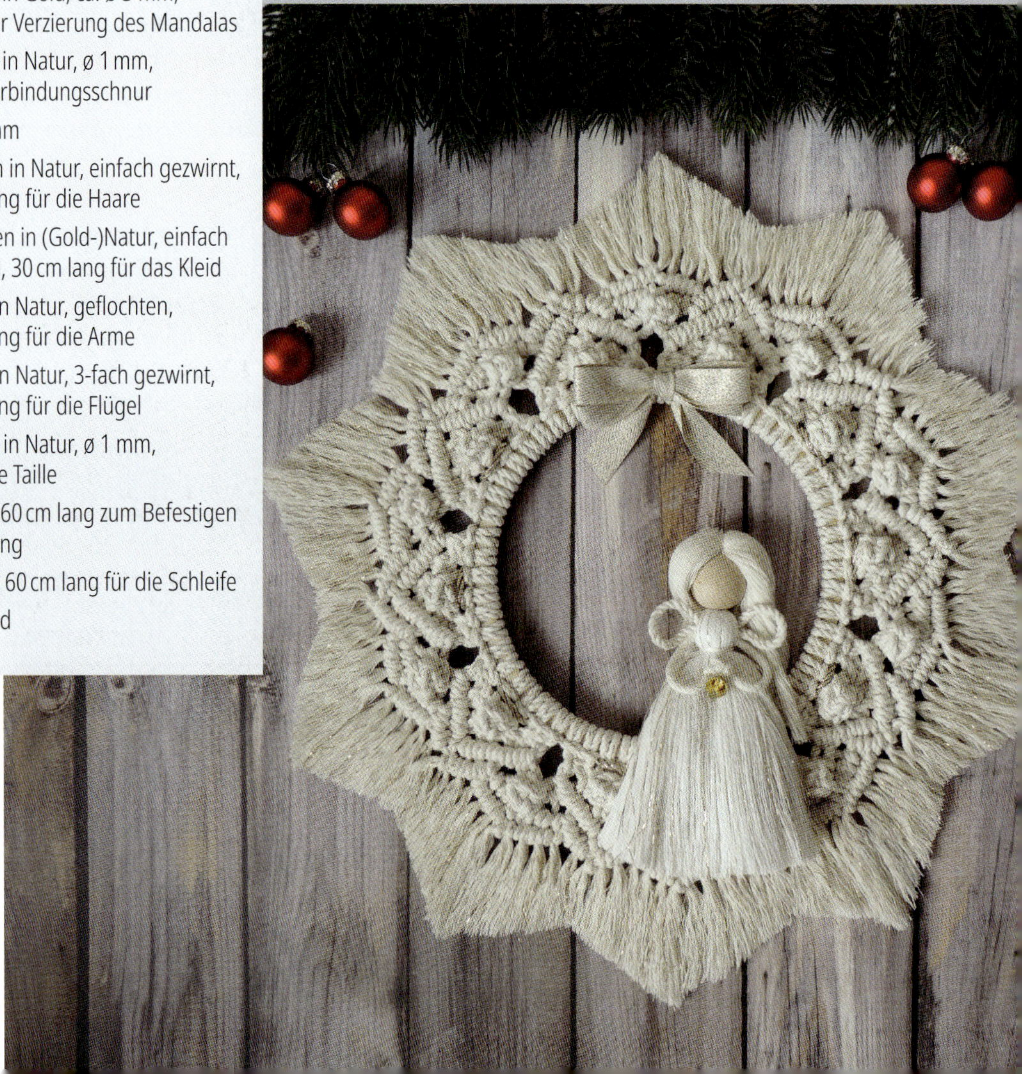

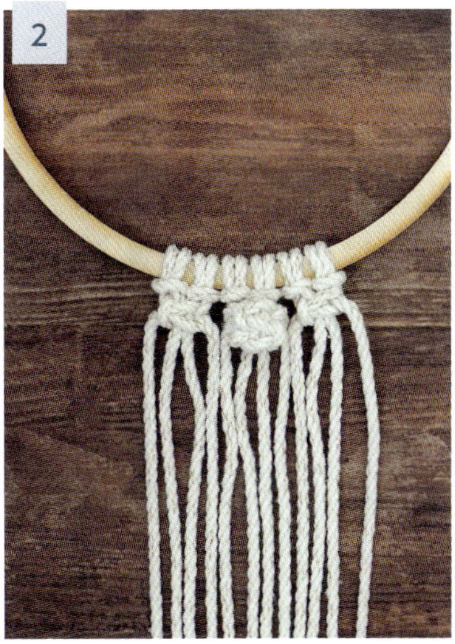

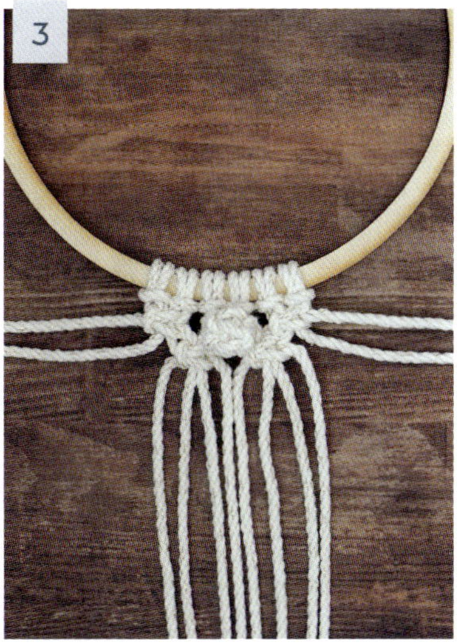

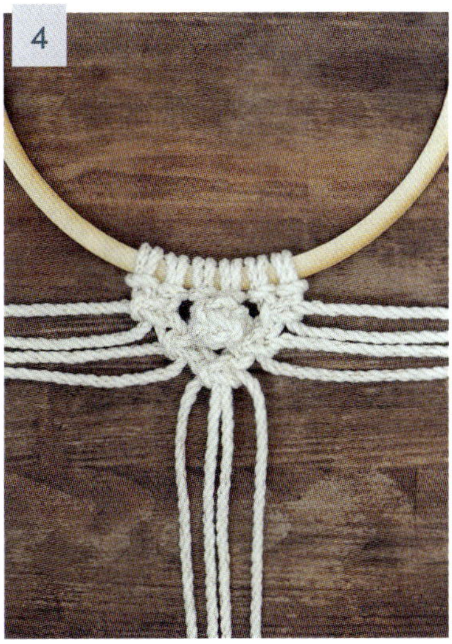

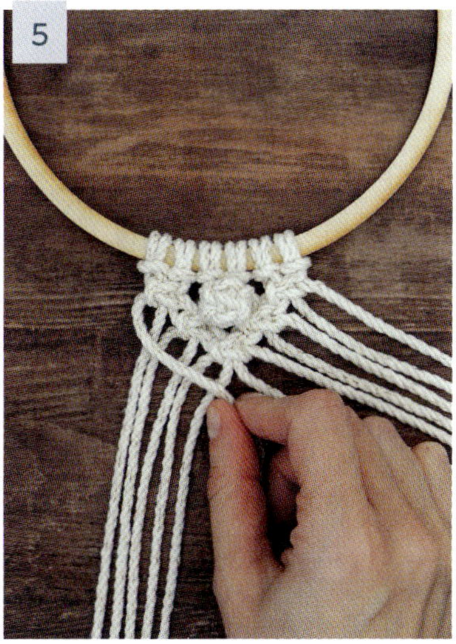

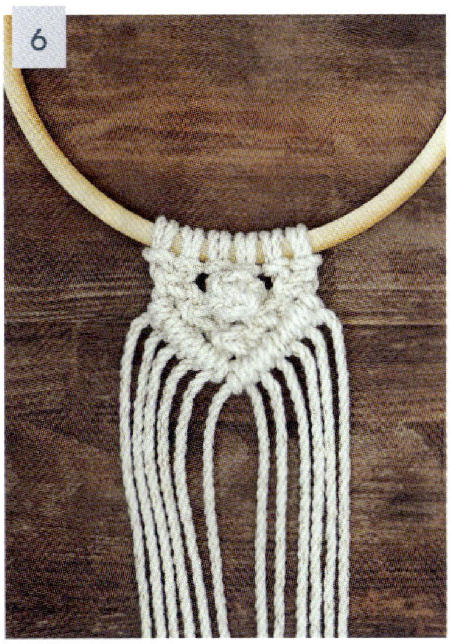

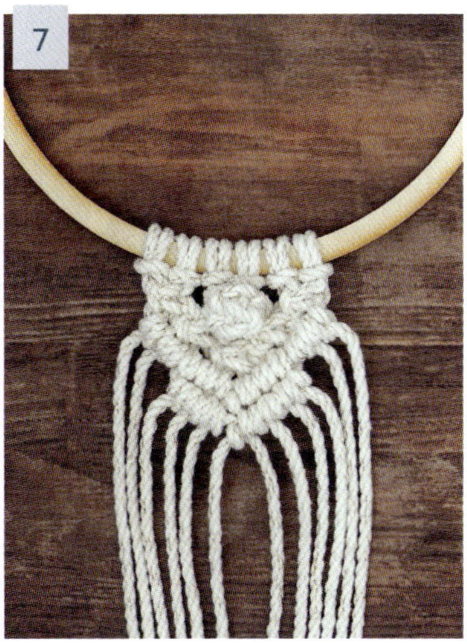

1. Sechs 120 cm lange Baumwollfäden mit dem von vorne geknoteten Ankerknoten am Holzring befestigen.

2. Mit den vier mittleren Strängen einen Beerenknoten arbeiten. Aus den übrigen Strängen rechts und links je zwei Kreuzknoten fertigen.

3. Auf beiden Seiten die beiden äußeren Stränge beiseitelegen. Aus den restlichen acht Strängen zwei Kreuzknoten arbeiten.

4. Auf beiden Seiten erneut zwei Stränge zur Seite legen und aus vier Strängen einen Kreuzknoten fertigen.

5. Eine Reihe Rippenknoten entlang des Dreiecks arbeiten. Links beginnen. Den äußersten Faden als Trägerfaden nutzen. Mit den folgenden fünf Fäden je einen Rippenknoten arbeiten.

6. Nun den äußersten Faden rechts als Trägerfaden hernehmen. Mit den folgenden fünf Fäden je einen Rippenknoten fertigen. Beide Reihen mit einem Rippenknoten verbinden. Dazu den linken Trägerfaden als Arbeitsfaden und den rechten Trägerfaden als Trägerfaden nehmen.

7. Die beiden äußersten Stränge auf jeder Seite beiseitelegen. Die darauffolgenden Stränge als Trägerfäden nutzen und, wie in Schritt 5 und 6 beschrieben, vorgehen.

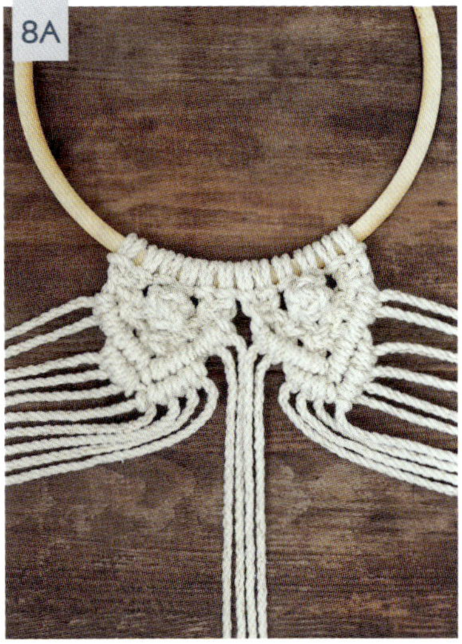

8A

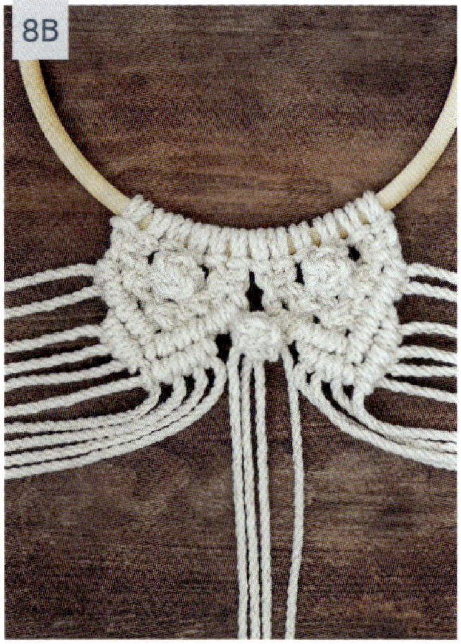

8B

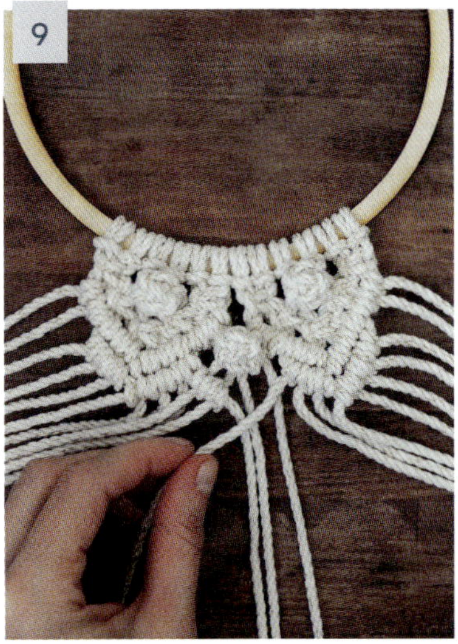

9

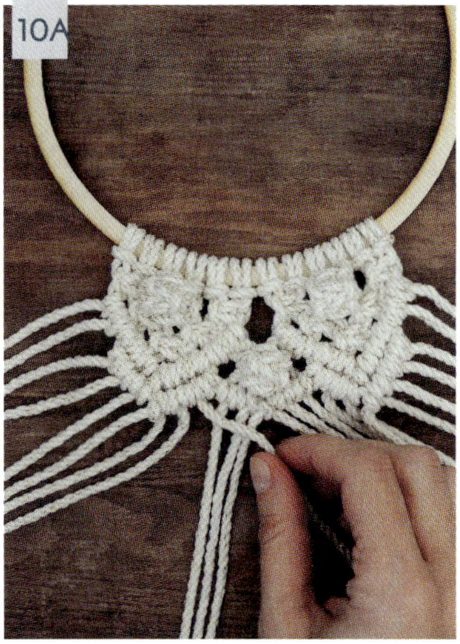

10A

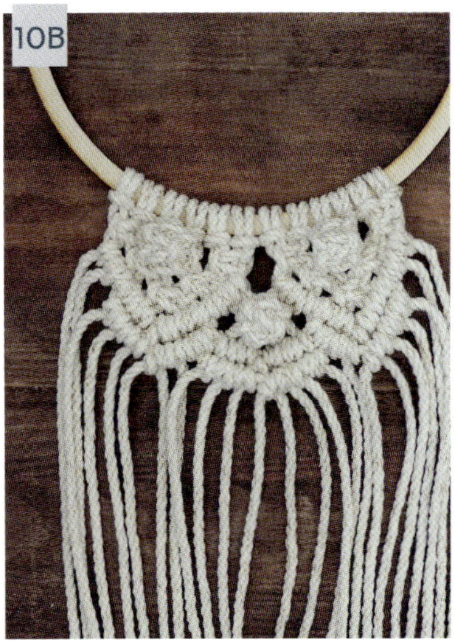

10B

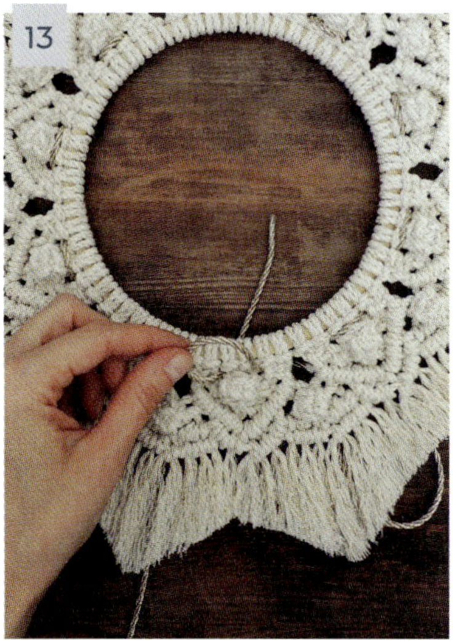

13

8. Die Schritte 1–7 wiederholen und ein zweites Muster anfertigen. Mit den vier mittleren Strängen zwischen den beiden Dreiecken einen Beerenknoten fertigen.

9. Den Beerenknoten mit einer Reihe Rippenknoten umranden. Dazu auf beiden Seiten einen weiteren Strang hinzunehmen und als Trägerfaden nutzen. Zunächst auf der linken Seite zwei Rippenknoten um den Trägerfaden arbeiten, dann auf der rechten Seite. Die Reihe schließen, indem der Trägerfaden der linken Seite als Arbeitsfaden genutzt wird, mit dem ein Rippenknoten um den Trägerfaden der rechten Seite gearbeitet wird.

10. Eine weitere Reihe Rippenknoten arbeiten. Dazu auf beiden Seiten einen weiteren Faden als Trägerfaden hinzunehmen und, wie in Schritt 9 beschrieben, vorgehen.

11. Die Schritte 1–10 wiederholen, bis 10 Dreiecke entstanden sind.

12. Die Fäden kürzen, auskämmen, in Form schneiden und mit Haarspray fixieren.

13. Die goldene Schnur von hinten auf der rechten Seite am oberen Ende eines Beerenknotens nach vorne ziehen und auf der linken Seite des Beerenknotens wieder nach hinten führen.
So weiter fortfahren, bis die Schnur um alle Beerenknoten gewebt wurde. Auf der Vorderseite sollte die Schnur immer oberhalb des Beerenknotens zu sehen sein. Die Enden der Schnur auf der Rückseite mit einem Doppelknoten zusammenbinden, abschneiden und mit etwas Kleber fixieren.

14. Einen Engel nach der Grundanleitung (S. 18/19) fertigen. Für die Flügel den Baumwollfaden zu einer Acht legen und in der Mitte zusammenbinden.

15. Den Engel mit der Nylonschnur am Ring befestigen. Das goldene Band zu einer Schleife binden und diese an der Oberseite des Rings festkleben. Das kleine Goldglöckchen wie auf dem Bild platzieren und festkleben.

Evelina
GEFÄHRTIN IM ROSEN-RING

MOTIVGRÖSSE
Gesamtmotiv: 74 cm (ohne Aufhängung);
Engel: 21,5 cm

MATERIAL
- Metallring, ø 19 cm
- 18 Baumwollfäden in Natur, geflochten, ø 4 mm, 3,80 m lang für den Rosenvorhang
- 7 Baumwollfäden in Natur, geflochten, ø 4 mm, 40 cm lang für den Rosenvorhang
- Baumwollschnur in Natur, ø 1 mm, 80 cm lang als Verbindungsschnur
- Holzperle, ø 3 cm
- 7 Baumwollfäden in Braun, einfach gezwirnt, ø 4 mm, 25 cm lang für die Haare
- 8 Baumwollfäden in Weiß, einfach gezwirnt, ø 5 mm, 30 cm lang für das Kleid
- Baumwollfaden in Natur, geflochten, ø 3 mm, 25 cm lang für die Arme
- Baumwollfaden in Natur, geflochten, ø 3 mm, 50 cm lang für die Beine
- Baumwollschnur in Natur, ø 1 mm, 35 cm lang für die Taille
- 2 Baumwollfäden in Metallic-Kupfer, einfach gezwirnt, ø 1,5 mm, 30 cm lang für Gürtel und Haarband
- Spitzband in Natur, 50 cm lang für die Flügel
- Trockenblumen
- Nylonschnur, 50 cm zur Befestigung des Engels
- Baumwollfaden in Natur, geflochten, ø 4 mm, 40 cm lang zum Aufhängen des Rings

KNOTEN
- Ankerknoten
- Beerenknoten
- Rippenknoten
- Wickelknoten

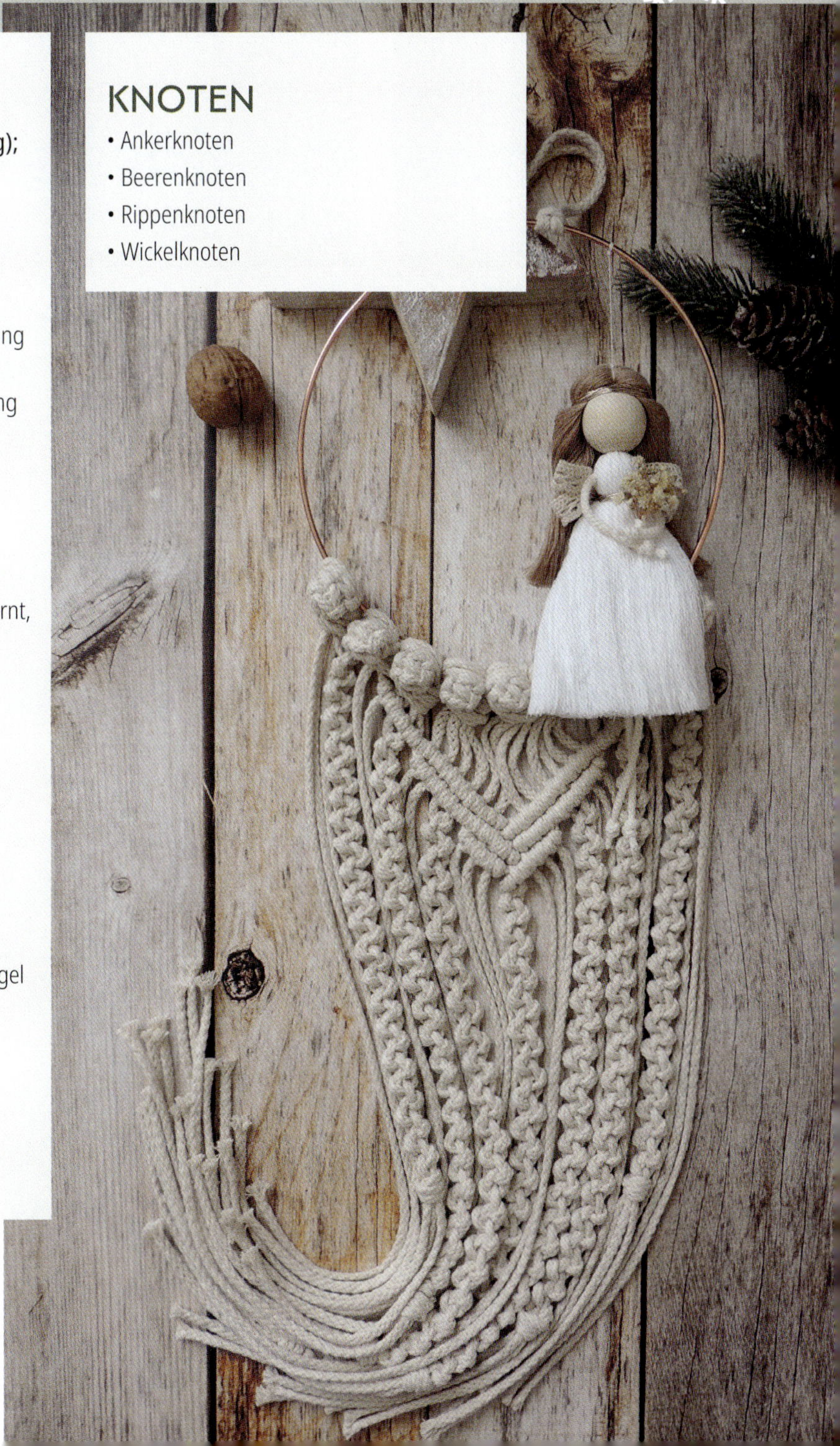

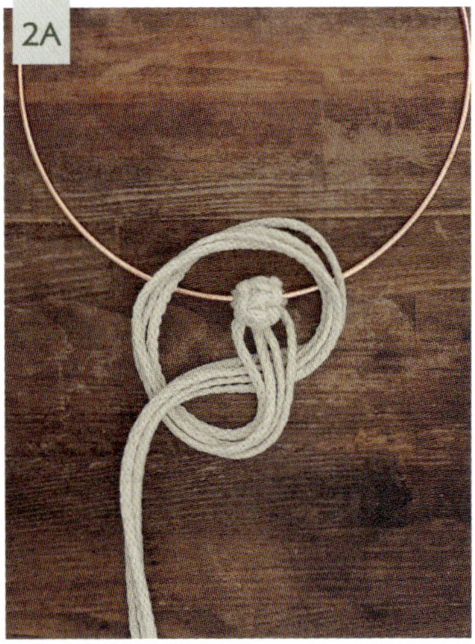

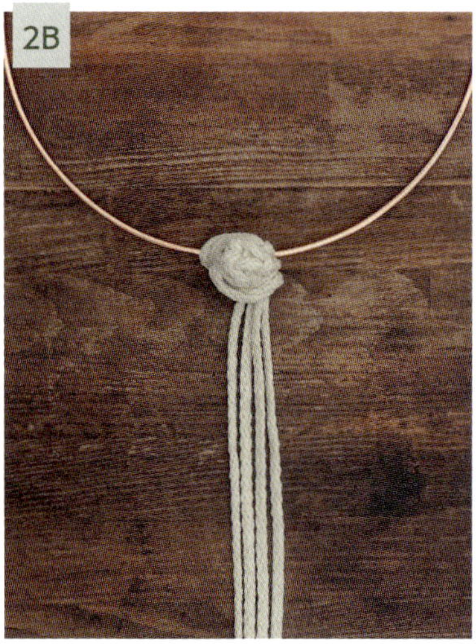

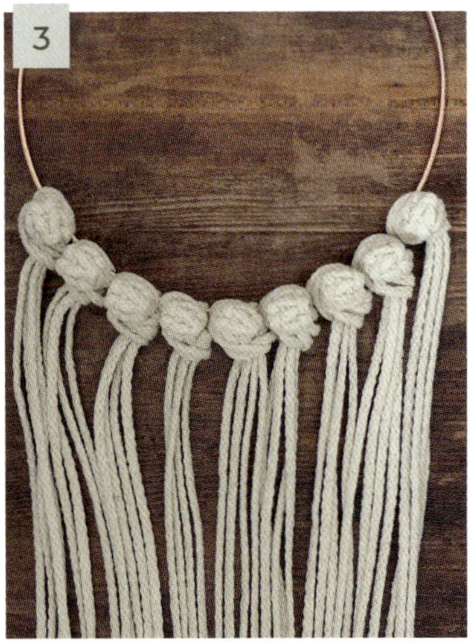

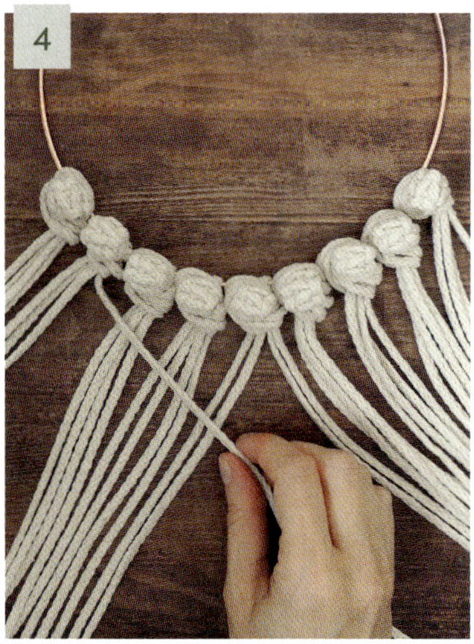

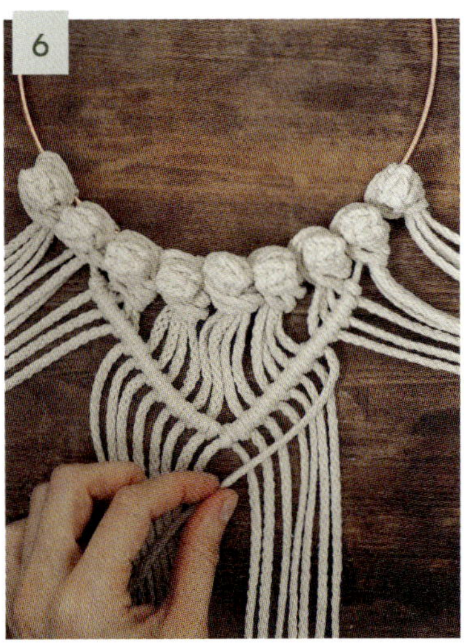

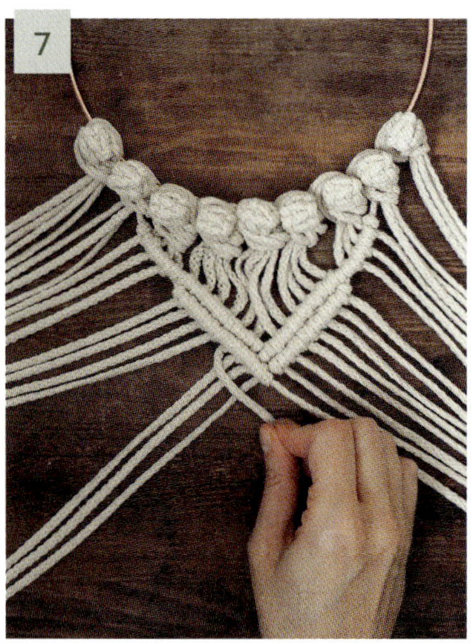

1. Zwei 380 cm lange Baumwollfäden mit einem von vorne geknoteten Ankerknoten am Ring befestigen. Einen Beerenknoten arbeiten.

2. Einen Rosenknoten arbeiten. Dazu die vier Stränge um den Beerenknoten wickeln und fest zusammenziehen.

3. Die Schritte 1 und 2 wiederholen, bis neun Rosenknoten um den Metallring geknotet sind.

4. Auf beiden Seiten die äußersten sieben Stränge beiseitelegen. Den achten Strang als Trägerfaden nutzen. Zuerst auf der linken Seite zehn Rippenknoten um den Trägerfaden knoten. Dabei den Abstand zwischen Rippenknoten und Rosenknoten von links nach rechts hin vergrößern.

5. Nun auf der rechten Seite den achten Strang als Trägerfaden nehmen und elf Rippenknoten arbeiten (der elfte Strang ist der Trägerfaden der linken Seite). Auch hier den Abstand zwischen Rippenknoten und Rosenknoten zunehmend vergrößern.

6. Auf beiden Seiten drei weitere Stränge beiseite legen. Den elften Faden auf der rechten Seite als Trägerfaden nutzen und sieben Rippenknoten darum arbeiten. Dann den elften Faden auf der linken Seite als Trägerfaden nutzen und acht Rippenknoten darum arbeiten (der achte Strang ist der Trägerfaden der rechten Seite).

7. Vier weitere Stränge auf jeder Seite zur Seite legen. Den 15. Faden auf beiden Seiten als Trägerfaden hernehmen. Zuerst links drei Rippenknoten darum arbeiten. Dann auf der rechten Seite vier Rippenknoten fertigen (der vierte Arbeitsfaden ist der Trägerfaden der linken Seite).

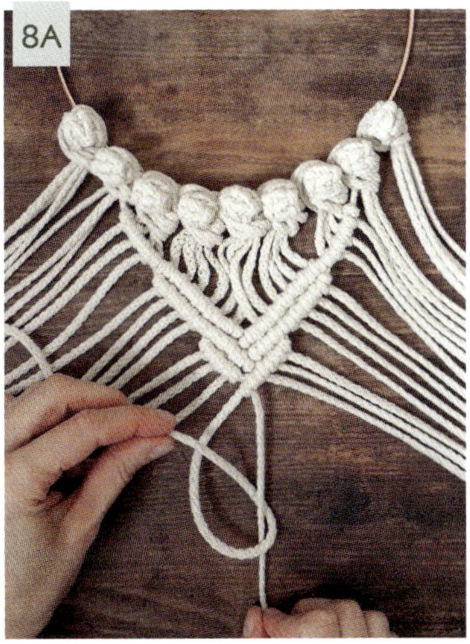

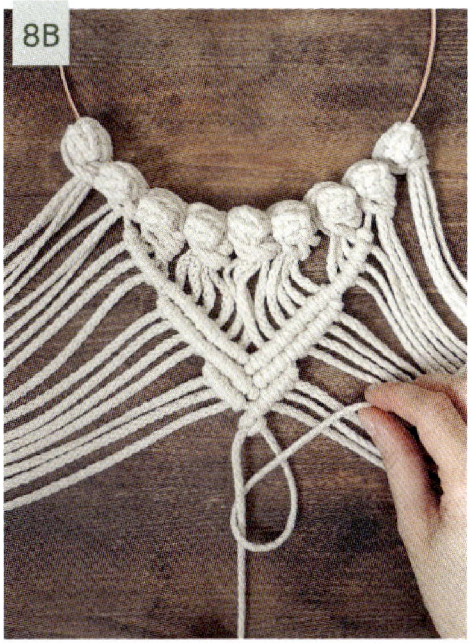

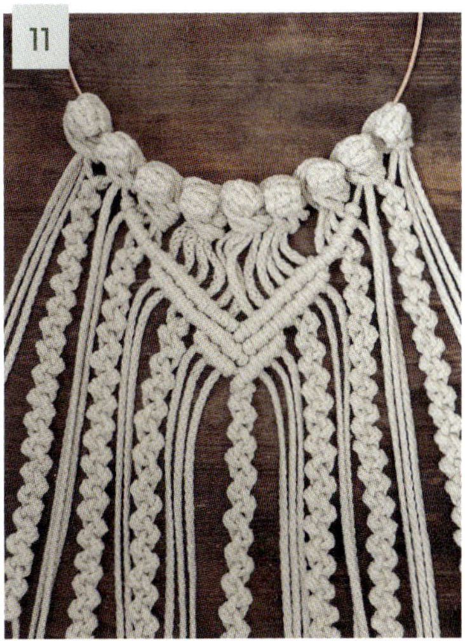

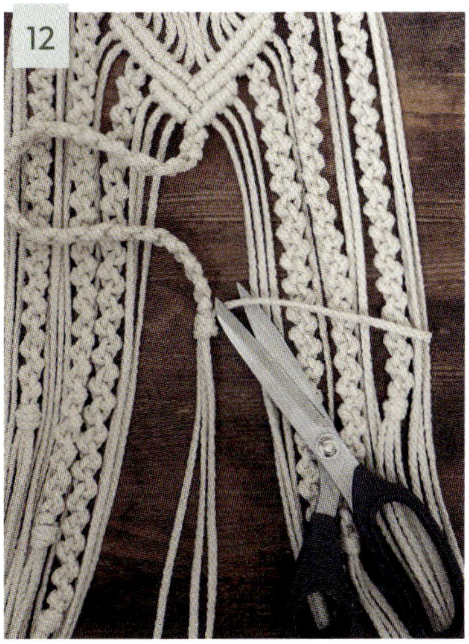

8. Aus den beiden mittleren Fäden eine Reihe Rippenknoten arbeiten. Abwechselnd einen nach links gerichteten Knoten (der linke Strang dient als Trägerfaden, der rechte als Arbeitsfaden) und einen nach rechts gerichteten Knoten (der rechte Strang dient als Trägerfaden, der linke als Arbeitsfaden) arbeiten, bis eine ca. 29 cm lange Reihe entstanden ist.

9. Auf beiden Seiten drei Fäden überspringen. Aus den beiden darauffolgenden Strängen rechts und links je eine ca. 27 cm lange Rippenknoten-Reihen arbeiten.

10. Rechts und links zwei Stränge überspringen. Mit den darauffolgenden zwei Strängen je eine ca. 26 cm lange Rippenknotenreihen erstellen.

11. Schritt 10 wiederholen. Die Reihen sollten ca. 25 cm lang sein und wie die bereits gefertigten Stränge einen Unterschied von 4 cm zur zuvor gearbeiteten Reihe aufweisen.

12. Mit einem Wickelknoten einen 40 cm langen Baumwollfaden am Ende jedes Rippenknoten-Strangs anbringen. Dabei ein langes Ende lassen und auf Länge der Strangenden zuschneiden. Das andere Ende möglichst kurz abschneiden.

13. Einen Engel ohne Flügel nach der Grundanleitung (S. 18/19) erstellen. Den Baumwollfaden in Metallic-Kupfer als Haarband um den Kopf des Engels wickeln und auf der Rückseite verknoten. Einen weiteren Baumwollfaden in Metallic-Kupfer als Gürtel um die Taille wickeln. Die Flügel aus dem Spitzband formen und von hinten festkleben. Einen Strauß Trockenblumen nach Belieben ankleben.

14. Den Engel am Ring befestigen.

15. Den Faden zum Aufhängen mit einem Ankerknoten am Ring anbringen und die Enden verknoten.

Celeste

BEGLEITERIN IM FEDER-RING

MOTIVGRÖSSE

Gesamtmotiv: 44 cm (ohne Aufhängung);
Engel: 19 cm

MATERIAL

- Metallring, ø 18 cm
- Holzstab, ø 8 mm, 19,5 cm lang
- 2 Baumwollfäden in Natur, geflochten, ø 3 mm, 50 cm lang zum Befestigen des Holzstabs
- Baumwollfaden in Natur, 3-fach gezwirnt, ø 3 mm, 300 cm lang zum Umwickeln des Ringes
- Baumwollfaden in Natur, einfach gezwirnt, ø 5 mm, 60 cm lang für die Hauptfeder
- 36 Baumwollfäden in Natur, einfach gezwirnt, ø 5 mm, 20 cm lang für die Hauptfeder
- 2 Baumwollfäden in Natur, einfach gezwirnt, ø 5 mm, 45 cm lang für zwei mittlere Federn
- 60 Baumwollfäden in Natur, einfach gezwirnt, ø 5 mm, 20 cm lang für zwei mittlere Federn
- 2 Baumwollfäden in Natur, einfach gezwirnt, ø 5 mm, 40 cm lang für zwei Randfedern
- 48 Baumwollfäden in Natur, einfach gezwirnt, ø 5 mm, 20 cm lang für zwei Randfedern
- Baumwollschnur in Natur, ø 1 mm, 80 cm lang als Verbindungsschnur
- Holzperle, ø 3 cm
- 8 Baumwollfäden in Braun, einfach gezwirnt, ø 4 mm, 20 cm lang für die Haare
- 8 Baumwollfäden in Natur, einfach gezwirnt, ø 5 mm, 25 cm lang für das Kleid
- Baumwollfaden in Natur, geflochten, ø 3 mm, 20 cm lang für die Arme
- Baumwollfaden in Natur, geflochten, ø 3 mm, 40 cm lang für die Beine
- Baumwollschnur in Natur, ø 1 mm, 40 cm lang für die Taille
- Baumwollfaden in Braun, einfach gezwirnt, ø 4 mm, 25 cm lang für das Haarband
- Faden in Gold, ø 1,5 mm, 30 cm lang für den Gürtel
- Spitzband in Natur, 10 cm lang für den Oberkörper
- Spitzband in Natur, 60 cm lang für die Flügel
- Holzbaum
- Nylonschnur, 40 cm lang zur Befestigung des Engels

KNOTEN

- Wickelknoten

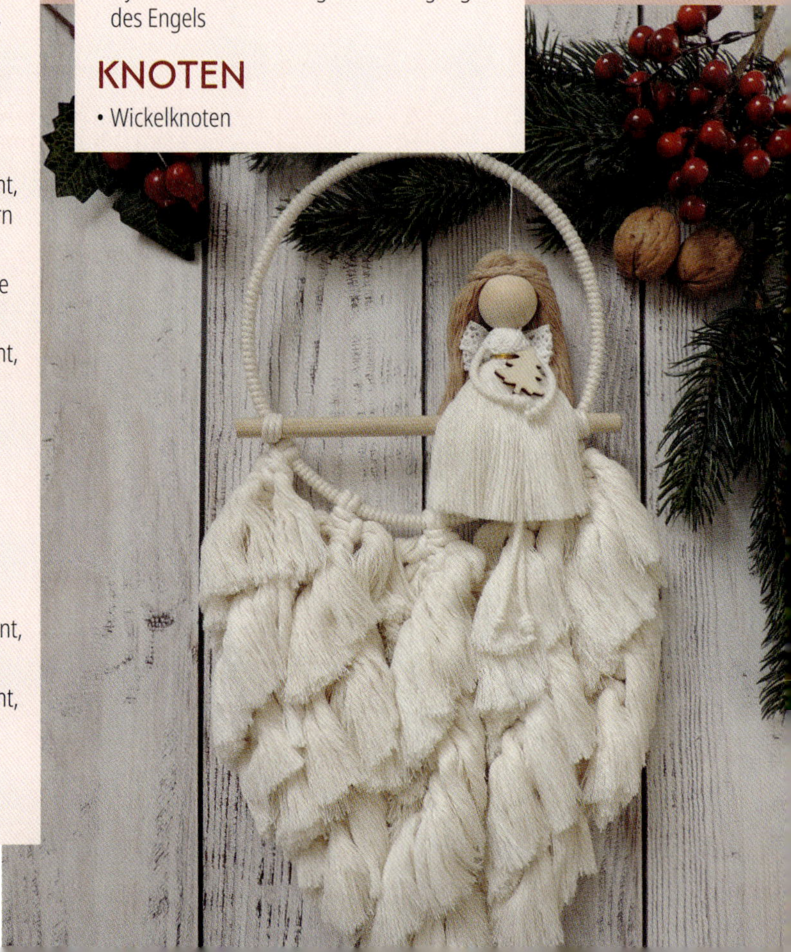

4A

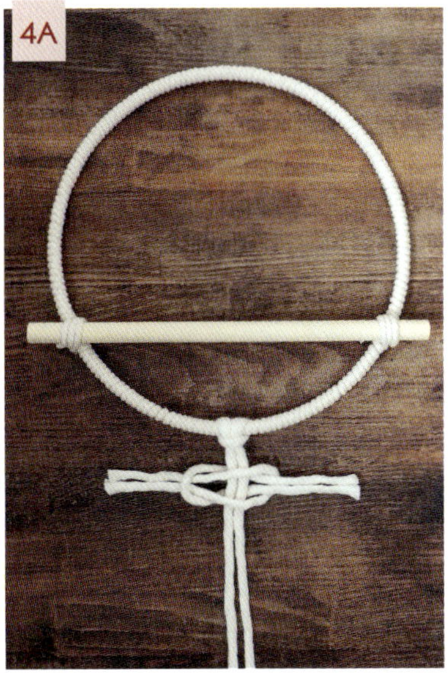

4B

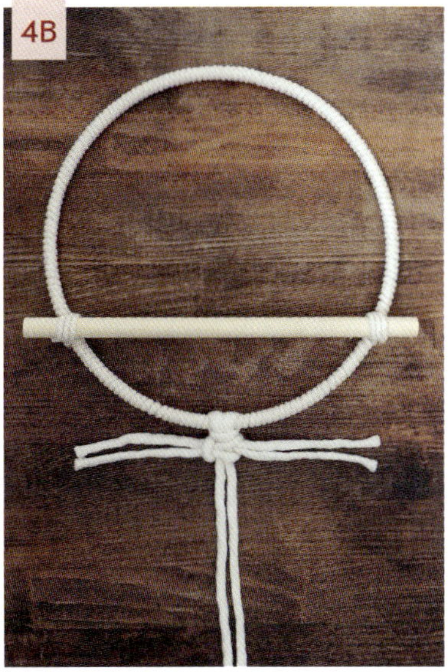

5A

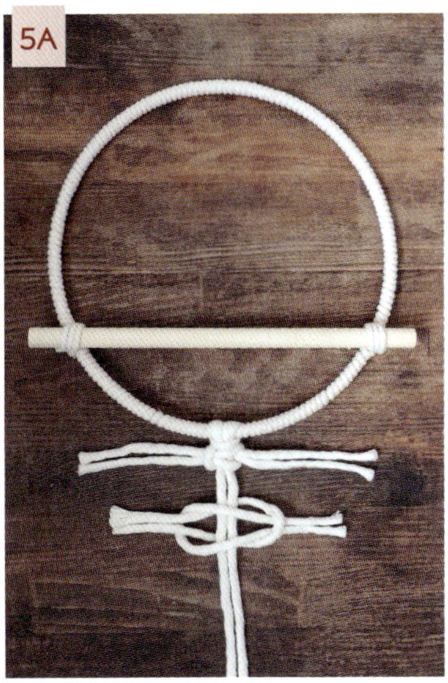

5B

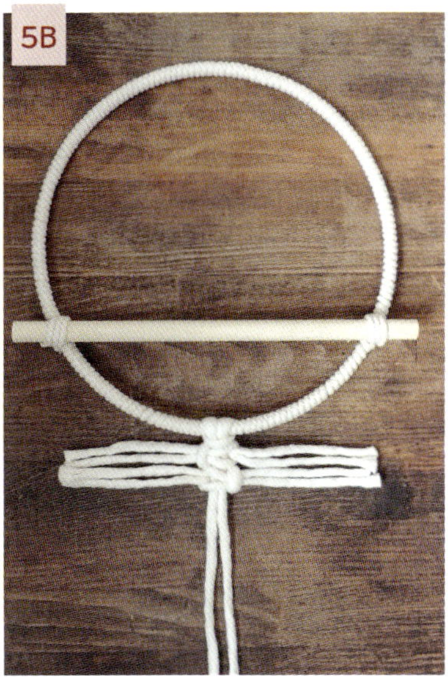

1. Den Ring mit dem Baumwollfaden umwickeln. Das Ende des Fadens abschneiden und festkleben.

2. Den Holzstab mit den zwei Baumwollfäden am Ring festbinden. Dazu den Faden dreimal um Ring und Stab wickeln, auf der Rückseite verknoten, abschneiden und festkleben.

3. Für die Hauptfeder den 60 cm langen Baumwollfaden (Hauptstrang) mit einem von vorne geknoteten Ankerknoten unten am Holzring befestigen.

4. Nun die einzelnen Fäden für die Feder am Hauptstrang befestigen. Dazu je zwei 20 cm langen Baumwollfäden nehmen und zur Schlaufe halbieren. Eine Schlaufe von rechts unter den Hauptstrang schieben, sodass die offenen Enden nach rechts zeigen. Die andere Schlaufe von links über den Hauptstrang legen, sodass die offenen Enden links liegen. Die Enden der unteren Schlaufe durch die obere Schlaufe führen und die Enden der oberen Schlaufe durch die untere Schlaufe führen. Anschließen festziehen.

5. Erneut zwei Fäden zur Schlaufe zusammenlegen. Eine Schlaufe von links unter den Trägerfaden legen, die andere von rechts auf den Trägerfaden legen. Die Enden der unteren Schlaufe durch die obere und die Enden der oberen Schlaufe durch die untere führen und festziehen.

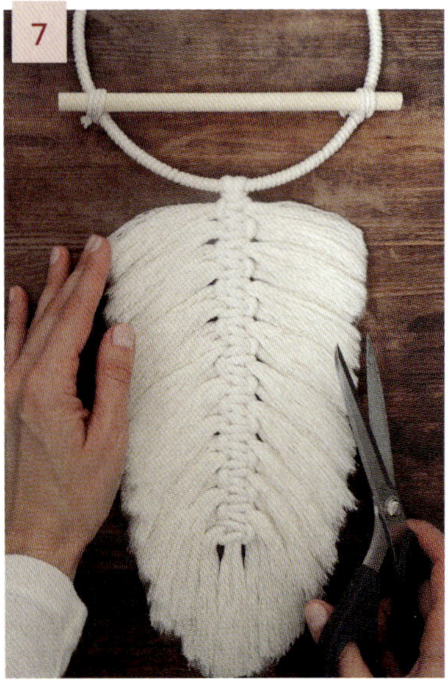

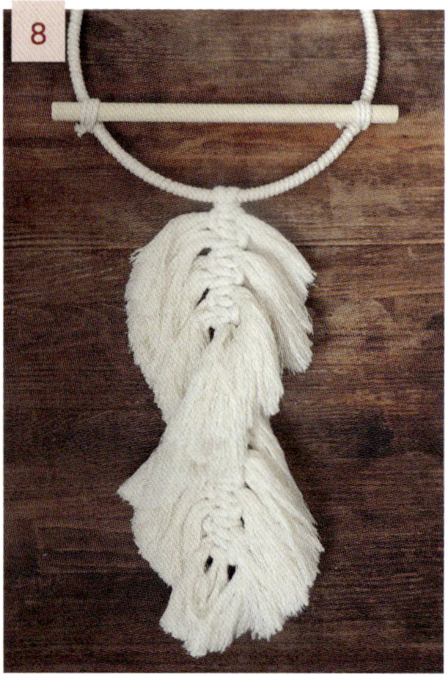

6. Abwechselnd die Schritte 4 und 5 wiederholen, bis alle 36 Baumwollfäden am Hauptstrang befestigt sind. Anschließend die Fäden auskämmen.

7. Die Feder in Form schneiden und von beiden Seiten mit Haarspray fixieren.

8. Die Feder spiralförmig drehen.

9. Die Schritte 1–8 wiederholen. Die zwei mittleren Federn mit einem Abstand von ca. 3 cm zur Hauptfeder anbringen. Als Hauptstrang der Federn je einen 40 cm langen Faden und 30 kurze Baumwollfäden für die Schlaufen hernehmen.

10. Die Schritte 1–8 für die äußeren Federn erneut wiederholen. Die äußeren Federn in einem Abstand von 2,5 cm anbringen. Einen 40 cm langen Faden für den Hauptstrang verwenden und 24 kurze Baumwollfäden daran befestigen.

11. Einen Engel ohne Flügel nach der Grundanleitung (S. 18/19) arbeiten. Zur Verzierung des Oberkörpers ein Stück Spitzband im Nacken des Engels anlegen, nach vorne führen, kreuzen und mit einem goldenen Faden um die Taille befestigen. Für die Flügel ein Spitzband zu zwei Schleifen zusammenbinden und auf der Rückseite festkleben. Einen 25 cm langen Baumwollfaden in drei Teile aufwickeln und daraus ein Haarband flechten. Das Haarband um den Kopf des Engels legen, auf der Rückseite verknoten und festkleben. Einen kleinen Holzbaum wie auf dem Bild platzieren und festkleben. Den Engel mit der Nylonschnur am Ring festbinden.

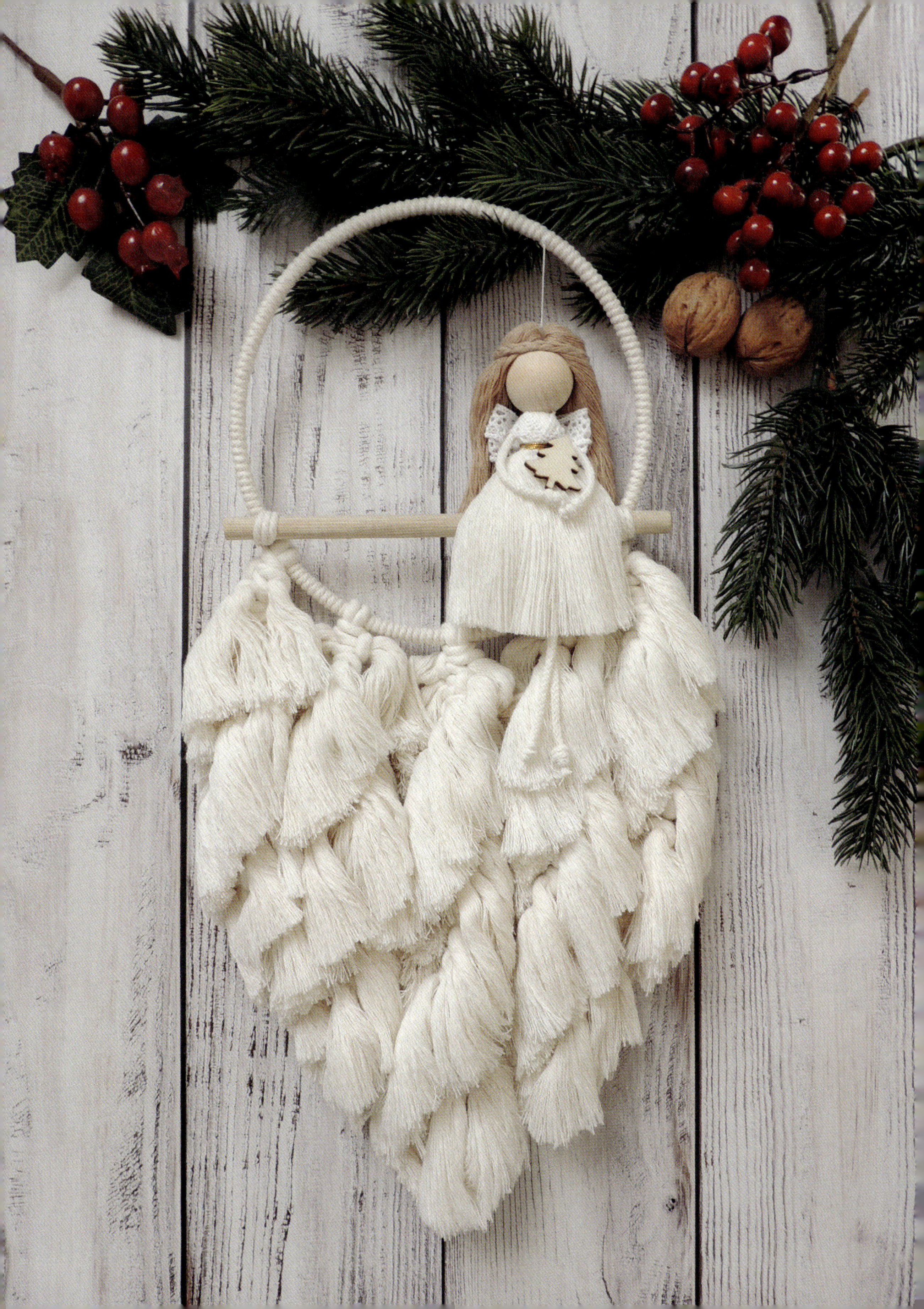

Buchempfehlungen für Sie

Noch mehr Kreativ-Bücher zum gleichen Thema gesucht?

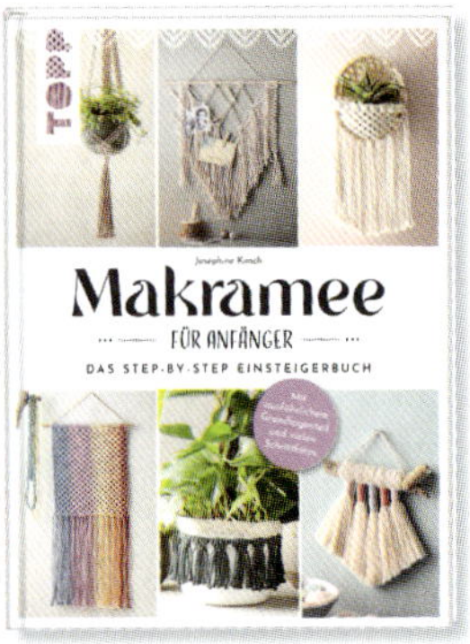

ISBN 978-3-7358-5119-2

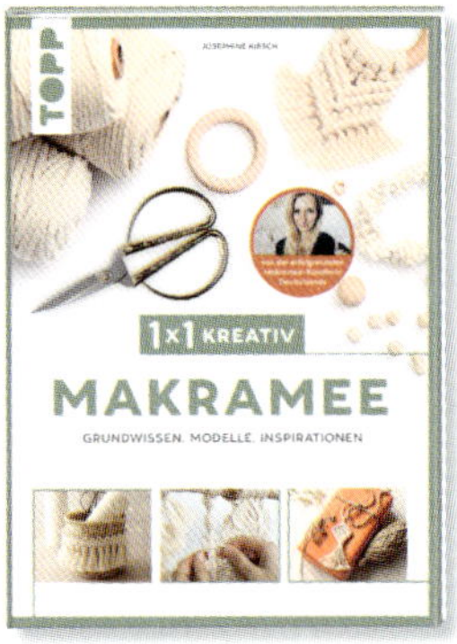

ISBN 978-3-7358-5050-8

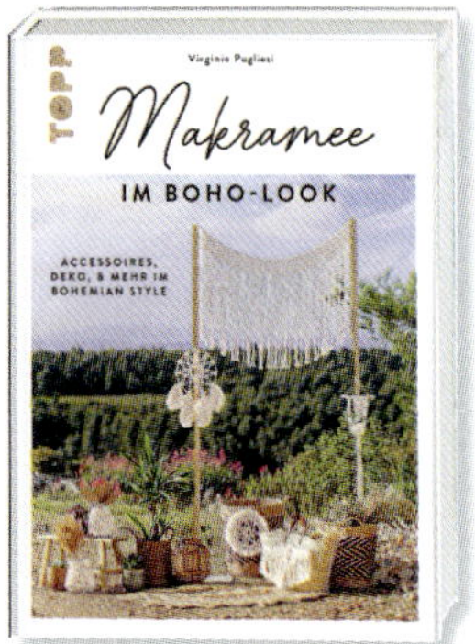

ISBN 978-3-7358-5031-7

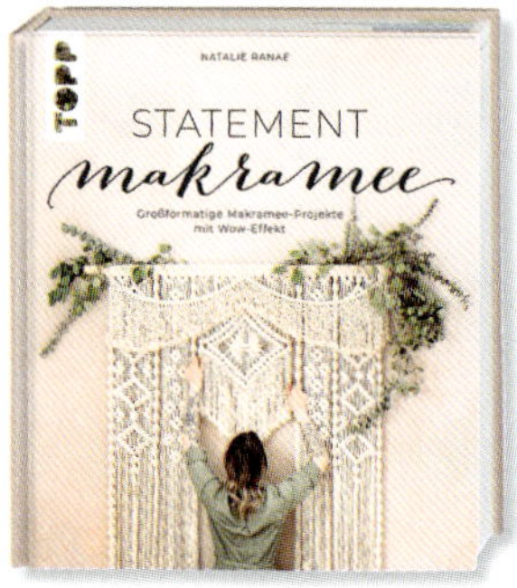

ISBN 978-3-7358-5039-3

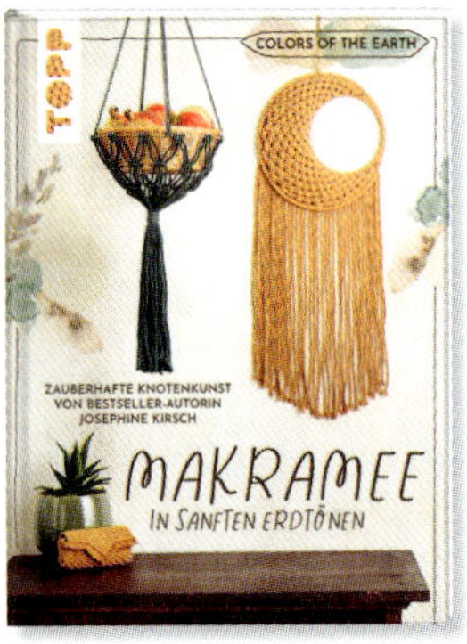

ISBN 978-3-7358-5053-9

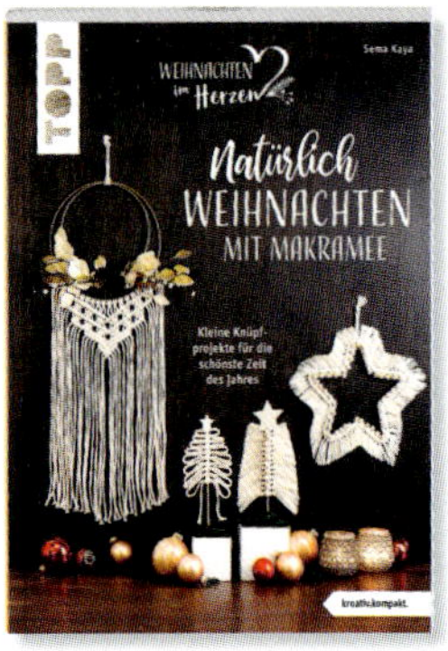

ISBN 978-3-7358-5042-3

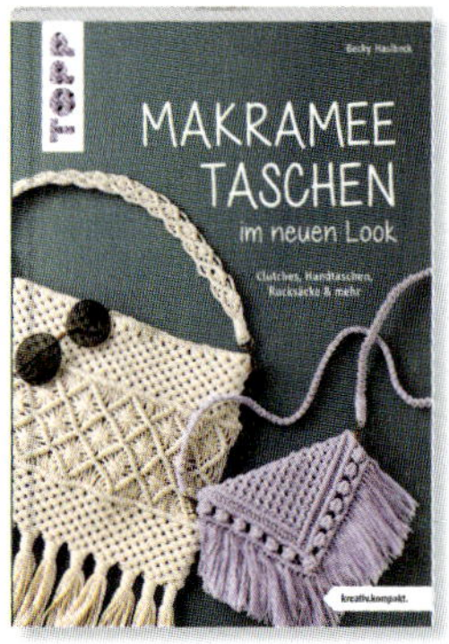

ISBN 978-3-7358-5026-3

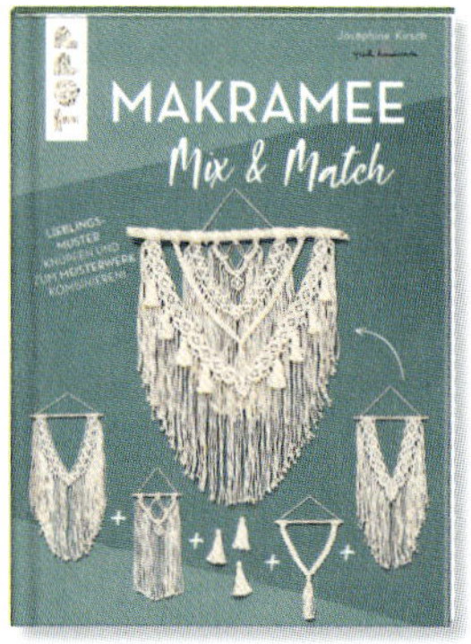

ISBN 978-3-7724-4658-0

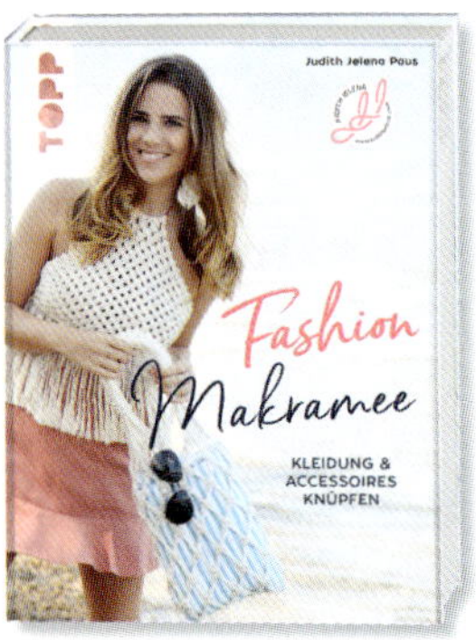

ISBN 978-3-7724-4655-9

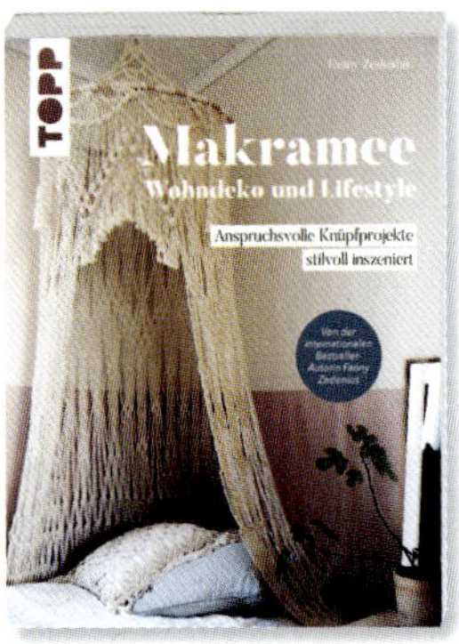

ISBN 978-3-7724-4609-2

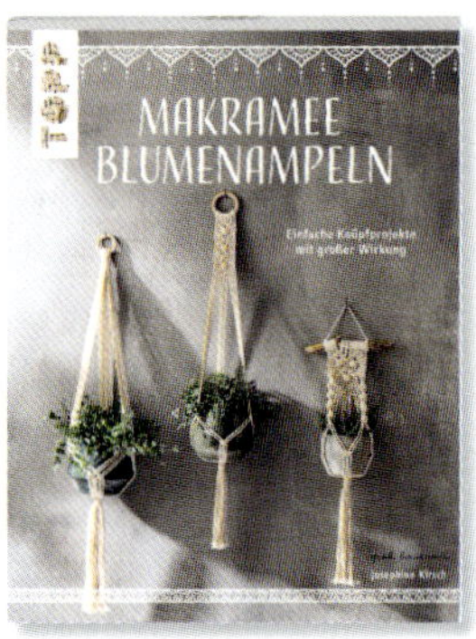

ISBN 978-3-7724-4629-0

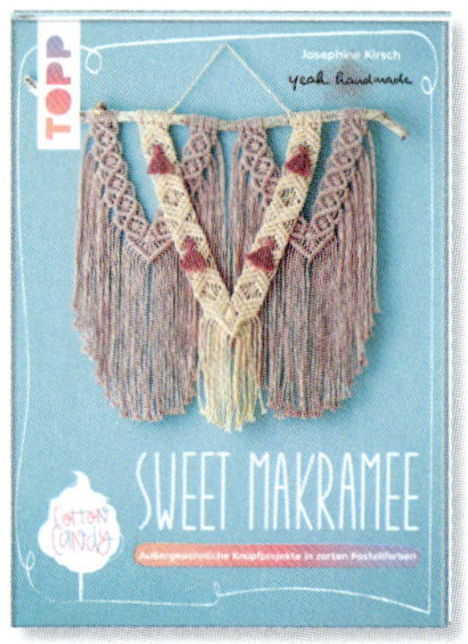

ISBN 978-3-7724-4628-3

Viele weitere Kreativ-Bücher finden Sie auf www.TOPP-kreativ.de

#TOPPPROJEKT

Die eigene Kreativität zeigen: TOPPprojekt mit anderen Kreativen teilen und Teil der Gemeinschaft werden.

DIY-begeistert und auf Instagram? Dann unbedingt mitmachen! Hier gibt's Tipps und Feedback zu den eigenen Projekten. Außerdem verlosen wir jeden Monat ein Überraschungspaket. Um am Gewinnspiel teilzunehmen, einfach ein Bild vom Kreativ-Projekt aus unseren Büchern mit #TOPPprojekt posten und unserem Account @frechverlag folgen. Mehr Infos auf TOPP-kreativ.de/TOPPprojekt

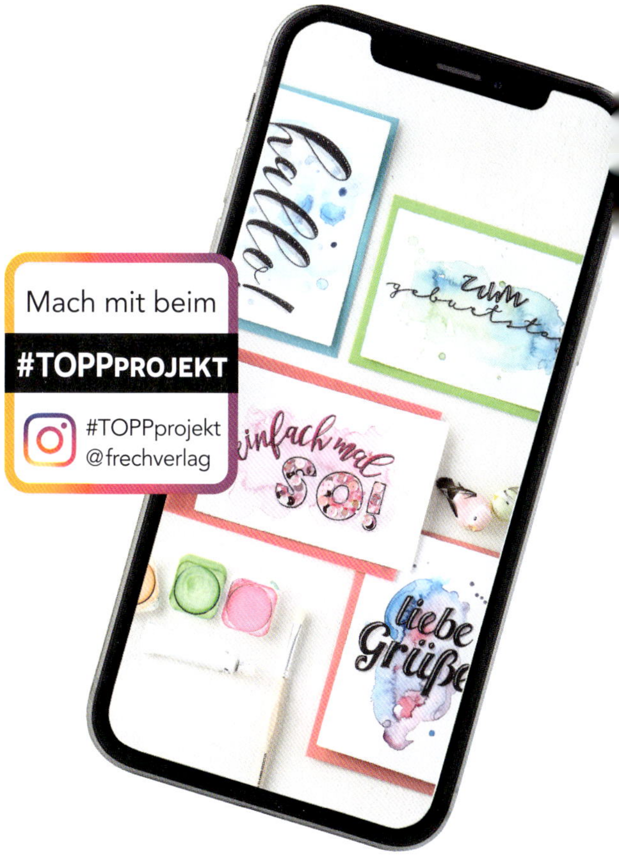

Website
Auf TOPP-kreativ.de können Sie ein riesiges Angebot von über 1.000 Kreativbüchern, Sets & mehr entdecken.

Newsletter
Gleich anmelden unter: TOPP-kreativ.de/newsletter und immer als Erstes von unseren Neuheiten und Sonderaktionen erfahren.

Instagram
@frechverlag

Pinterest
pinterest.com/frechverlag

Facebook
facebook.com/frechverlag

DigiBib
Hier finden Sie zusätzlich zu vielen unserer Bücher digitale Extras, wie Video-Tutorials, Plotter-Dateien, Vorlagen, Übungsblätter & vieles mehr. Einfach im Impressum Ihres TOPP-Buchs den Freischalte-Code nachschlagen und exklusive Inhalte freischalten. TOPP-kreativ.de/digibib

Youtube
youtube.com/frechverlag

Denisa Minárová

Denisa Minárová hat Philosophie und Pädagogik studiert und schon immer eine Vorliebe für kreative Tätigkeiten gehabt. Schon in ihrer Kindheit hat sie gerne Armbänder geknüpft, was sie zu ihrer ersten Begegnung mit dem Thema Makramee geführt hat. Als sie Mutter wurde, hat sie nach einer Beschäftigung gesucht, die nicht nur ihre Hände, sondern auch ihren Kopf in Anspruch nimmt. So ist sie erneut zum Makramee gekommen, das sie sofort verzaubert hat. Insbesondere Makramee-Engel und -Puppen haben es ihr angetan und sind zu ihrem Lieblingsthema geworden. Derzeit ist es ihre größte Leidenschaft, ihrer Fantasie beim Makramee freien Lauf zu lassen und ihre Ideen zu verwirklichen. Mehr von ihren Werken können Sie auf ihrem Instagram-Account @deko_by_deni entdecken.

LERNEN SIE UNS BESSER KENNEN!

Fragen Sie in Ihrem Hobbyfachhandel oder in Ihrer Buchhandlung nach unserem kostenlosen Magazin **Meine kreative Welt**. Darin entdecken Sie zweimal im Jahr die neuesten Kreativtrends und interessante Buchneuheiten. Oder besuchen Sie uns im Internet! Unter www.topp-kreativ.de können Sie sich über unser umfangreiches Buchprogramm informieren, unsere Autor:innen kennenlernen sowie aktuelle Highlights und neue Kreativtechniken entdecken, kurz – die ganze Welt der Kreativität. Kreativ immer up to date sind Sie mit unserem monatlichen Newsletter mit den aktuellsten News aus dem frechverlag, Gratis-Bastelanleitungen und attraktiven Gewinnspielen.

TOPP – UNSERE SERVICEGARANTIE

WIR SIND FÜR SIE DA! Bei Fragen zu unserem umfangreichen Programm oder Anregungen freuen wir uns über Ihren Anfruf oder Ihre Post. Loben Sie uns, aber scheuen Sie sich auch nicht, Ihre Kritik mitzuteilen – sie hilft uns, ständig besser zu werden.

Bei Fragen zu einzelnen Materialien oder Techniken wenden Sie sich bitte an unseren Kreativservice, Frau Erika Noll:
hilfe@frechverlag.de
Telefon **0711-12375720**

Das Produktmanagement erreichen Sie unter:
pm@frechverlag.de

oder:

frechverlag
Produktmanagement
Dieselstraße 5
70839 Gerlingen
Telefon: 0711 8308668

Impressum

FOTOS und TEXTE: Denisa Minárová

PRODUKTMANAGEMENT und LEKTORAT: Lara Franke

COVERGESTALTUNG: Melanie Herrmann

HERSTELLUNG: Jessica Siebert

LAYOUT und SATZ: Bernadett Linseisen (schere.style.papier), München

DRUCK: BALTO print, Litauen

2. Auflage 2023

ISBN 978-3-7358-5162-8 · Best.-Nr. 25162

FSC www.fsc.org MIX Papier aus verantwortungsvollen Quellen FSC® C107574

Penguin Random House Verlagsgruppe
FSC® N001967